레벨업 중국어

김민선 지음 · 张琦 감수

동양북스

저자

김민선

전) 중국 하이얼 그룹 과학문화원 설립 번역 및 통역 담당
　　KBS 수목드라마 얼렁뚱땅 흥신소 한시 자문
　　어린이 중국어 교사 자격증 취득
　　닥터 잉글리쉬 중국어 전임 강사
　　인수중학교 방과 후 학교 중국어 강사
　　수유중학교 방과 후 학교 중국어 강사
현) 광운초등학교 중국어교과 전임 강사

저서
〈레벨업 중국어 붐붐 1~3권〉
〈중국어 초급 교과서 민씽 중국어 1단계〉
〈중국어 초급 교과서 민씽 중국어 2단계〉

감수

장기(張琦)

길림대학교 한국어과 졸업
한국외국어대학교 한중과 석사 졸업
한국외국어대학교 중어중문과 박사 수료
현) 경희대학교 중국어과 원어민 조교수

주요 논문 및 저서
• 논문
　한국학생 문장부호 사용 양상 및 오류분석 등 10여 편
• 저서
　〈검정 고등학교중국어 1, 2〉 공저 外 다수

자문위원

김현철 교수

연세대학교 중어중문학과 교수(학과장/ 문과대 부학장 겸임)
한국BCT(商务汉语考试)위원회 위원장
중국어문학연구회 기획이사
한국중국언어학회 부회장
한국중국어교육학회 부회장
한국외국어교육학회 부회장

주요 논문 및 저서
〈제2외국어로서의 중국어 교육과 평가방안〉(2007)
〈중국어 교재 출판 현황 및 교육이론 분석〉(2010)
〈中·韓 对照言语学 研究 现况 考察〉(2011)
〈스마트 중국어 1~4권〉(2010~2012) 外 다수

심의위원

김미숙 교수 / 롱차이나 대표

김인숙 선생 / 한어교육원 대표

손보라 선생 / 방과 후 전문강사

황선주 선생 / 방과 후 전문강사

(※가나다順)

레벨업 중국어 붐붐 ①

초판 9쇄 2022년 3월 20일 | **지은이** 김민선 | **감수** 장기(張琦) | **발행인** 김태웅 | **편집** 신효정, 양수아 | **디자인** 남은혜, 신효선 | **마케팅** 나재승 | **제작** 현대순 | **일러스트** 이은교, 전진희 | **성우** 이영아, 박경혜, 조홍매, 곡효녀 | **편곡** 전정훈

발행처 ㈜동양북스 | **등록** 제 2014-000055호 | **주소** 서울특별시 마포구 동교로22길 14 (04030)
구입문의 전화 (02)337-1737 팩스 (02)334-6624 | **내용문의** 전화 (02)337-1762 dybooks2@gmail.com

ISBN 978-89-8300-900-5 14720
　　　978-89-8300-903-6 (세트)

본 교재에서는 중국어 교육을 학문이 아닌 언어로서의 중국어 소통 능력을 키우는 것에 중점을 두었습니다. 학생들의 의사소통 욕구를 동기화하여 학생들이 실생활에서 수행할 가능성이 높은 과제를 중심으로 교육내용을 구성하였고, 수업에 주도적으로 참여할 수 있는 활동을 통해 실제적인 의사소통 능력이 향상될 수 있도록 하였습니다. 따라서 흥미롭고 친근한 주제에서 꼭 알아야 하는 필요한 표현들을 공부가 아닌 중국어로 경험할 수 있기를 기대합니다.

🌸 공부가 아닌 중국어 🌸

1. 어휘력, 표현력 향상!

노래와 챈트로 호기심을 자극하고, 놀이를 통해 어휘력과 표현력을 키웁니다. 다양한 어휘를 바탕으로 풍부한 표현을 응용하고 엮어내어, 여러 표현을 통해 회화를 술술 풀어갑니다.

2. 표현 확장 학습!

주제별 표현의 확장으로 점차 향상되는 학습효과를 기대할 수 있습니다. 하나에 하나를, 또 하나에 하나를 더해가며 실력을 차곡차곡 쌓아갑니다.

3. 정리 학습!

발음, 어휘, 어법을 체계적으로 묶고 정리하여 더 쉽고 간결하게 습득할 수 있도록 하였습니다. 더할 것은 더하고, 뺄 것은 빼고, 묶을 것은 묶어 체계적이고 확실한 학습을 할 수 있습니다.

4. 즐거운 반복!

같은 주제도 흥미롭고 다양한 방법으로 접근하여 즐거운 반복이 되도록 합니다. 반복학습이 반복처럼 느껴지지 않고 매번 재미있는 놀이를 하는 것처럼 느끼게 하여 자연스럽게 머리, 귀, 입, 눈에 베어 들고 익숙해지도록 합니다.

5. 단계적, 체계적 구성!

어휘와 회화, 확장과 정리학습 모두 단계적이고 체계적으로 구성하였습니다. '가~하'까지, '1~10'까지, 'A~Z'까지 학습하듯 순차적으로 단계단계 올라갑니다.

학생들과 학부모, 선생님들 모두 쉽고 재미있으며, 흥미롭고 체계적인 교재와 그에 따른 중국어 학습을 원합니다. 또한 중국어 학습에는 학생들의 동기, 알찬 교재, 좋은 교수법 이 세 가지가 삼위일체가 되어야 한다고 봅니다. 그래서 이번에 본 교재를 기획하게 된 것입니다. 이 교재를 끈으로 하여 학생들에게 동기도 부여할 수 있고, 좋은 교수법도 생겨나 학생들이 중국어 학습을 좀 더 화끈하게 할 수 있기를 기대해 봅니다.

점차 더 나아지고 발전하는 중국어 교육 현장에 본 교재가 조금이나마 보탬이 되길 바랍니다.

김민설

신나게 불러요~

'어린이 중국어 붐붐 2'권에서 배웠던 내
용과, 본 교재에서 배울 내용 모두를 챈
트에서 만나볼 수 있어요. 신나는 리듬에
맞춰 다 같이 큰소리로 따라 해봐요~

단어를 익혀요~

'어린이 중국어 붐붐 2'권에서 배웠던
단어가 그림 속에 숨어있어요~ 단어
를 찾아서 써 보고 큰 소리로 읽어 보
세요!

친구들과 대화해요~

이 책에 나오는 주인공들이 무슨 이야
기를 나누고 있는지 궁금하죠? 함께
이야기를 나누며 다양한 중국어 표현
을 배워봐요^^

정확히 발음해요~

성조 표기부터 헷갈리기 쉬운 발음연
습까지 다시 한 번 짚어볼 수 있어요~
또박또박 정확하게 연습해 보세요!

요점을 짚어요~

가장 기본이 되는 중요 어법을 배워보
세요. 그림과 예문을 통해 어법을 배우
면 절대 어렵지 않아요~

이야기로 배워요~

재미있는 상황을 통해 배운 표현을 복습해볼 수 있어요.
어때요? 좀 더 쉽게 다가오지 않나요?

실력을 키워요~

이미 배운 문장에 단어만 바꿔서 다시 한 번 말해보는 연습을 해봐요~ 옆에 있는 친구와 함께 대화하다 보면 중국어 실력이 쑥쑥 향상된답니다^^

놀면서 배워요~

놀이를 통해 친구들과 함께 즐겁게 중국어를 배울 수 있으니 일석이조예요~

다같이 배워요~

주어진 병음을 큰 소리로 읽어 보세요. 속도를 높여가며 연습하다 보면, 중국어 발음 실력이 점점 향상된답니다~

문제를 풀어요~

어떤 내용을 배웠는지 기억나죠?
문제를 풀면서 배운 내용을 정리해봐요~

복습과~

배운 내용을 확실하게 복습해봐요. 모르는 문제가 있다면 선생님께 물어보고 꼭 알고 넘어가도록 해요!

차 례

레벨업 1 학습목표

단원	주제	학습목표	핵심표현	어법	테마
1과	他是谁? 그는 누구니?	사람+好! 见到你很高兴	만났을 때의 인사 표현 你好! 他是谁? 见到你很高兴!	단수와 복수 谁(누구)	인사
2과	你什么时候回家? 너는 언제 집에 가니?	什么时候+동사	고마움과 때에 관한 표현 谢谢! / 不客气! 你什么时候回家? / 七点回家。	시간이나 때 什么时候(언제)	감사 미안 때
3과	超市在什么地方? 슈퍼마켓은 어디에 있니?	叫+이름 姓+성 장소+在什么地方	이름과 성씨, 장소에 관한 표현 你叫什么名字? / 我叫琳达。 超市在什么地方? / 在那儿。	이름과 성씨 什么地方(어디)	이름 성씨 장소
4과	你从哪儿来? 너는 어디서 왔니?	나라+人 从+나라/수도	나라와 출신에 관한 표현 你是哪国人? / 我是中国人。 你从哪儿来? / 我从首尔来。	哪国(어느 나라) 哪儿(어디)	나라 수도
복습과		1과~4과 복습			
5과	你爸爸做什么工作? 너희 아빠는 무슨 일을 하시니?	가족 직업	가족과 직업에 관한 표현 他是谁? / 他是我爸爸。 你爸爸做什么工作? / 我爸爸是大夫。	가족 什么(무엇)	가족 직업
6과	你属什么? 너는 무슨 띠니?	숫자+岁 属+띠(12간지)	나이와 띠에 관한 표현 你妹妹几岁? / 我妹妹八岁。 你属什么? / 我属虎。	나이 묻기 几(몇) / 多大(몇) 属(띠)	나이 띠
7과	彩虹真漂亮 무지개가 정말 예뻐	喜欢+색깔 几+种	색과 종류에 관한 표현 你喜欢什么颜色? / 我喜欢黄色。 彩虹有几种颜色? / 有七种。	喜欢(좋아하다) 几(몇)	색깔 수량
8과	那是熊猫 저건 판다야	什么+동물 为什么	동물과 이유에 관한 표현 那是什么? / 那是熊猫。 它为什么不动? / 它睡觉呢。	这(이) 那(저) 为什么(왜)	동물
복습과		5과~8과 복습			

단원	주제	학습목표	핵심표현	어법	테마
1과	我想去麦当劳 나는 맥도날드에 가고 싶어	去+장소 想+동사	장소와 바람에 관한 표현 你去哪儿？ / 我去餐厅。 你想去哪儿？ / 我想去麦当劳。	去(가다) 想(하고 싶다)	장소
2과	我要打扫房间 나는 방 청소를 해야 해	在+위치 要+동사	사물의 위치와 필요에 관한 표현 吸尘器在哪儿？ / 在客厅。 你要干什么？ / 我要打扫房间。	在(있다) 要(해야 한다)	나의 방 집 구조
3과	我会说汉语！ 저는 중국어를 할 줄 알아요！	几口人 会+동사	식구와 능력에 관한 표현 你家有几口人？ / 我家有四口人。 我会说汉语！	几口人(몇 식구) 会(할 줄 알다)	숫자 학습
4과	这里卖豆腐吗？ 여기 두부 팔아요？	买+물건 能+동사	물건 사기와 능력에 관한 표현 这里卖豆腐吗？ / 这里卖豆腐。 不过没有豆腐，不能做。	买(사다) 能(할 수 있다)	과일 야채
복습과		1과~4과 복습			
5과	我可以出去打雪仗吗？ 나가서 눈싸움해도 돼요？	연동문 可以+동사	날씨와 허락 및 허가에 관한 표현 今天很冷。 我可以出去打雪仗吗？	연동문 可以(해도 된다)	날씨 계절
6과	天黑了！ 날이 어두워졌네！	几 숫자+点 了	시간과 완료에 관한 표현 现在几点？ / 现在六点。 天黑了！	시간 말하기 완료 了(~되었다)	시간
7과	墙上写着"换乘二号线" 벽에 "2호선 환승"이라고 쓰여 있어	比 동사+着	교통수단과 상태의 지속에 관한 표현 地铁比汽车快吗？ 墙上写着"换乘二号线"。	比(~보다) 상태의 지속 着 (~한 채로)	교통
8과	你吃过北京烤鸭吗？ 북경 오리구이 먹어봤니？	吃+음식 喝+음료 동사+过	음식과 음료, 과거의 경험에 관한 표현 你想吃什么？ / 我想吃面包。 你吃过北京烤鸭吗？ / 我没吃过。	吃(먹다) / 喝(마시다) 과거의 경험 过 (~한 적이 있다)	음식 음료 오감
복습과		5과~8과 복습			

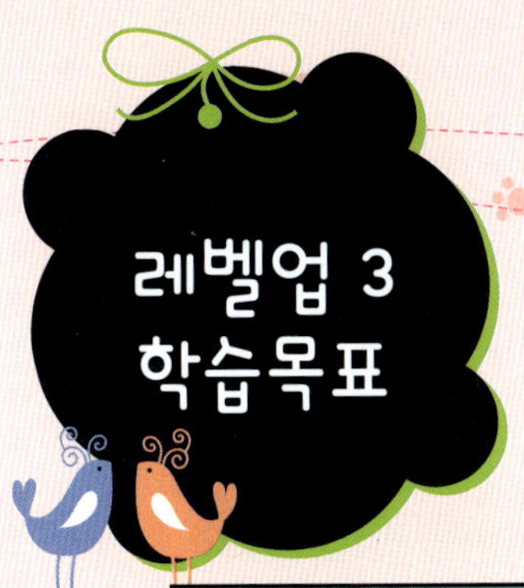

단원	주제	학습목표	핵심표현	어법	테마
1과	我在吃饭 나는 밥 먹는 중이야	在+장소 (正)在+동작+呢	존재와 동작 진행에 관한 표현 您好! 明明在家吗? / 我就是。谁呀? 你在做什么呢? / 我在吃饭呢。	(正)在……呢 (~하는 중이다)	전화 받기
2과	那是我的书 그것은 제 책이에요	可以+동사 사람+的 양사	소유와 허가에 관한 표현 这是谁的书? / 那是我的书。 我可以用你的吗? / 可以用我的。	的(~의)	문구
3과	韩国有儿童节吗? 한국에는 어린이 날이 있니?	숫자+月, 숫자+号 地+동사	날짜, 요일, 명절에 관한 표현 今天几月几号? / 今天四月二十五号。 韩国有儿童节吗? / 五月五号是韩国的儿 童节。	地(~의)	날짜 요일 명절
4과	我腿疼得厉害 나는 다리가 몹시 아파	신체+疼 동사+得	아픈 증상과 정도에 관한 표현 你不舒服吗?/ 腿疼得厉害。 我们去医院吧！/ 没事儿。	得(정도)	의료
복습과			1과~4과 복습		
5과	便宜点儿! 싸게 해 주세요!	화폐단위 有点儿+형용사	가격 묻기와 흥정에 관한 표현 这个发夹怎么样? / 有点儿大。 太贵了。便宜点儿吧!/ 不行。	有点儿(조금)	가격
6과	我的爱好是滑冰 내 취미는 스케이트 타기야	운동 打와 踢 동사+完	운동과 정도에 관한 표현 你的爱好是什么? / 我的爱好是打跆拳道。 你们把今天的作业做完了吗? / 哎呀, 还没做完！	결과보어	운동 취미
7과	邮局在火车站的对面 우체국은 기차역 맞은편에 있어요	방향 东西南北 前后左右 上下里外	방향과 방위에 관한 표현 请问，邮局怎么走? / 邮局就在火车站的对面。 超市离这儿远不远? / 不太远。	정반의문문 方向(방향) 方位(방위)	길 묻기 와 방향
8과	我觉得那个更漂亮 내 생각에는 저게 더 예쁜 거 같아	동사중첩 我觉得+명사+ 更~	비교에 관한 표현 你觉得这个发夹怎么样? / 我觉得这个发 夹又漂亮又特别。 我觉得那个更漂亮。	동사중첩 又…又…	의복
복습과			5과~8과 복습		

장똥똥(张东东), 중국인

엉뚱하고 호기심 많은 똥똥이는
밍밍이랑 무척 친해요~

왕밍밍(王明明), 중국인

애교 많고 귀여운 밍밍이는
그림 그리기가 취미인
예쁜 숙녀랍니다^^

김민준(金民俊), 한국인

똑똑하고 당찬 민준이는
독서를 좋아해요~

이수빈(李秀彬), 한국인
피아니스트가 꿈인 수빈이는
배려심이 깊은
말괄량이 소녀랍니다^^

할리(哈里), 미국인
적극적이면서도 자유로움을 추구하는
할리는 축구를 좋아해요~

린다(琳达), 미국인
거울보는 걸 좋아하는 린다는
도도한 새침때기예요~

1 중국어의 구조

중국의 문자는 한자로 되어있는데, 간체자라고 합니다. 우리나라와 대만, 일본에서 사용하는 번체자의 획을 간단하게 변형한 형태이지요. 한자, 성조, 성모, 운모로 이루어져 있으며, 성모와 운모가 결합한 형태를 병음이라고 합니다. 중국어를 어떻게 읽는지는 병음을 보고 알 수 있어요.

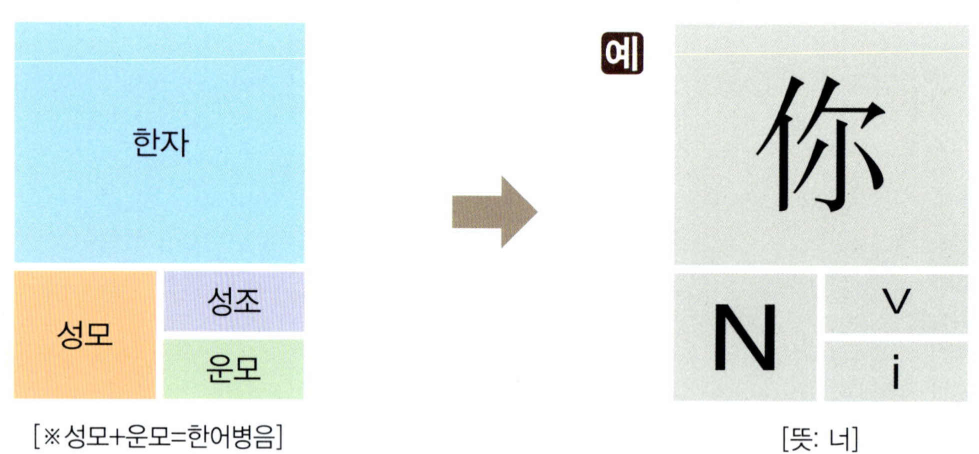

• 중국어의 구조를 이루는 것은?　　　한자+(　　　)+성모+운모

• 중국에서 쓰는 한자는?　　　(　　　)

• 한어병음을 이루는 것은?　　　(　　　)

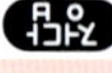

음악에는 음의 높낮이가 있지요? 중국어는 말을 할 때 음악처럼 음의 높낮이가 있는데 이를 성조라고 해요. 성조는 1성, 2성, 3성, 4성이 있어요. 1성, 2성, 3성, 4성의 성조는 음의 높낮이가 모두 다르기 때문에, 정확하게 발음하지 않으면 무슨 말을 하는지를 상대방이 이해할 수 없으므로 반드시 정확하게 발음하는 습관을 길러야 해요. 다음 성조를 잘 듣고 큰 소리로 따라 해보세요.

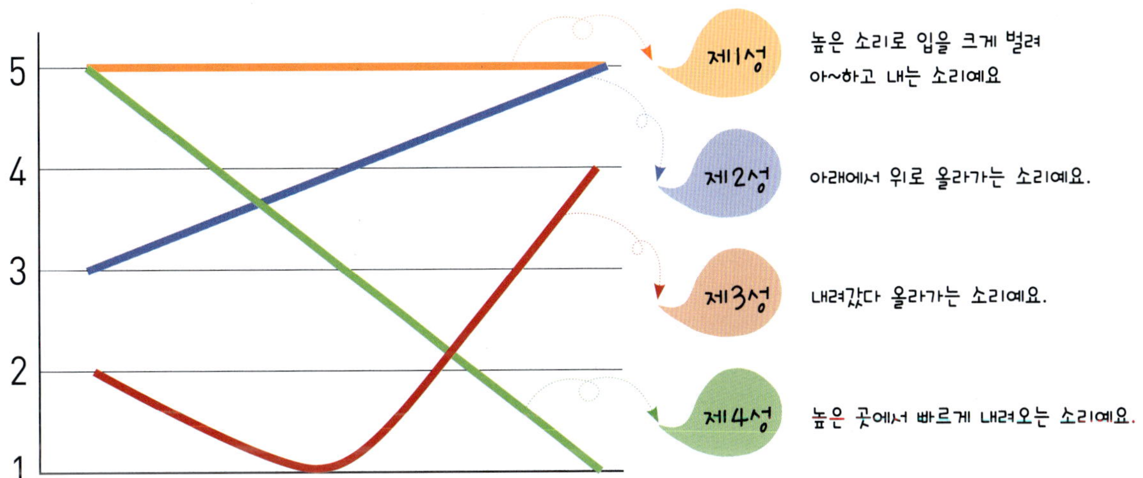

mini test

• 성조는?　　(　　　)　(　　　)　(　　　)　(　　　)

중국의 정식 명칭은 '중화인민공화국'입니다. 중국의 화폐는 인민들이 사용하는 돈이라고 하여 '인민폐'라고 불러요. 국기는 '오성홍기'라고 부르는데 붉은색 바탕에 노란색 별이 다섯 개가 있어요. 가운데 큰 별은 중국 공산당을 상징하고, 나머지 네 개의 별은 국민을 상징합니다.

인구는 '약 13억' 정도에 이르며 실제로 더 많다고 하는 사람들도 있습니다. 민족은 한족과 55개의 소수민족으로 이루어져 있으며, 56개의 민족 중 한족이 차지하는 비율은 92%나 됩니다. 중국은 수도인 '베이징' 지역의 말을 표준어로 지정하였는데 이를 '보통화'라고 하며, 앞으로 우리가 배울 중국어입니다. 중국의 전통의상은 '치파오'라고 하고, 또 중국인이 가장 좋아하는 숫자는 8인데, 이는 숫자 8과 '돈을 많이 벌다'의 발음이 서로 비슷하기 때문이라고 하네요. 우리친구들 더 궁금한 것이 있나요?

mini test

- 중국의 정식 국가 명칭은? (   )
- 중국의 수도는? (   )
- 중국의 화폐는? (   )
- 중국의 인구는? (   )
- 우리가 배우는 중국의 언어는? (   )

이 책에 어떤 내용의 이야기가 숨어 있는지 한 번 볼까요?

새 학기가 시작되었어요. 똥똥 이는 민준 이와 축구를 하러 학교 운동장에 왔는데 밍밍 이가 있네요~ 똥똥 이는 밍밍 이에게 민준 이를 소개해줘요. 서로 반갑다고 인사를 하며, 집에 언제 가냐고 묻고는 함께 가기로 했어요. 친구들 모두 앞으로 사이 좋게 지내겠죠?

수업이 끝나고 린다 는 군것질이 하고 싶은지 슈퍼마켓 이 어디에 있냐고 물어보네요. 똥똥 이와 민준 이는 린다 와 함께 슈퍼마켓 에 들렀다가 린다 네 집으로 놀러 가기로 해요.

서로 어느 나라 사람인지를 물어보는데, 한국 인, 중국 인, 미국 인 친구들이 다 모였네요~.

린다 집에 도착한 친구들은, 거실에 걸린 가족사진을 보며 린다 의 아빠, 엄마가 무슨 일을 하시는지 궁금해해요.

린다 집에서 띠 이야기를 하다가, 린다 는 동물이 보고 싶다며, 친구들에게 함께 동물원에 가자고 해요~

동물원 가는 길 하늘이 참 맑네요~ 무지개 도 있어요~

이 친구들은 동물원에 가서 동물들을 잘 봤을까요?~

第一课
他是谁?
Tā shì shéi?
그는 누구니?
CD 1 - 03
记一记
단어를 익혀요
'어린이 중국어 붐붐 1'권에서 배웠던 단어 5개가 그림 속에 숨어있어요.
찾아서 써 보고 큰 소리로 읽어 보세요.
nín
好
朋友
lǎoshī
dàjiā
당신   您
좋다   hǎo
여러분   大家
친구   péngyou
선생님   老师

CD 1 - 04

他是谁?

你好 你好，你好！
Nǐ hǎo nǐ hǎo, nǐ hǎo!

你好 你好，大家好！
Nǐ hǎo nǐ hǎo, dàjiā hǎo!

您好 您好，老师好！
Nín hǎo nín hǎo, lǎoshī hǎo!

是谁 是谁，他是谁？
Shì shéi shì shéi, tā shì shéi?

民俊 民俊，他是民俊。
Mínjùn Mínjùn, tā shì Mínjùn.

见到你很高兴，见到你很高兴！
Jiàndào nǐ hěn gāoxìng, jiàndào nǐ hěn gāoxìng!

你好吗？
Nǐ hǎo ma?

我很好。 他是谁？
Wǒ hěn hǎo.　 Tā shì shéi?

他是民俊。
Tā shì Mínjùn.

很 hěn 아주, 매우 ｜ 他 tā 그 ｜ 谁 shéi 누구

见到 jiàndào 만나다 | 高兴 gāoxìng 기쁘다 | 也 yě ~도, 또한

● 중국어의 운모를 정확히 발음해 보세요.

● 위의 운모들을 큰 소리로 읽으면서 순서대로 연결해 보세요. 무슨 모양이 나오나요?

1 단수와 복수를 나타내는 표현을 배워보아요.

	단수	복수
1인칭	我 wǒ 나	我们 wǒmen 우리
2인칭	你 nǐ 너	你们 nǐmen 너희
3인칭	他 tā 그	他们 tāmen 그들
3인칭	她 tā 그녀	她们 tāmen 그녀들
3인칭	它 tā 그것	它们 tāmen 그것들

★ 단수 + 们 men = 복수

我是民俊。
Wǒ shì Mínjùn.

她是明明。
Tā shì Míngming.

我们是朋友。
Wǒmen shì péngyou.

2 谁 shéi : '누구' 라는 뜻으로, 사람을 물어볼 때 써요.

A: 你是谁?
Nǐ shì shéi?

B: 我是东东。
Wǒ shì Dōngdong.

A: 她是谁?
Tā shì shéi?

B: 她是老师。
Tā shì lǎoshī.

A: 他是谁?
Tā shì shéi?

B: 他是哈里。
Tā shì Hālǐ.

● 색칠한 부분에 아래의 중국어를 대입한 후, 큰 소리로 말해 보세요.

1 

你好!
Nǐ hǎo!

您 nín
당신

同学 tóngxué
친구

大家 dàjiā
여러분, 모두

老师 lǎoshī
선생님

A: 你是谁？
Nǐ shì shéi?

B: 我是民俊。
Wǒ shì Mínjùn.

东东 Dōngdong
똥똥

明明 Míngming
밍밍

秀彬 Xiùbīn
수빈

琳达 Líndá
린다

두 팀으로 나누어 번갈아가며 지우개를 던지세요. 앞면이 나오면 앞으로 2칸, 뒷면이 나오면 뒤로 1칸 이동해가며, 먼저 도착하는 팀이 이기는 게임입니다. 한자나 병음이 나오면 그 뜻을 말해보고, 한글이 나오면 중국어로 말해봅니다. 미션을 완료하면 한 번 더, 실패하면 상대방에게 기회를 주세요!

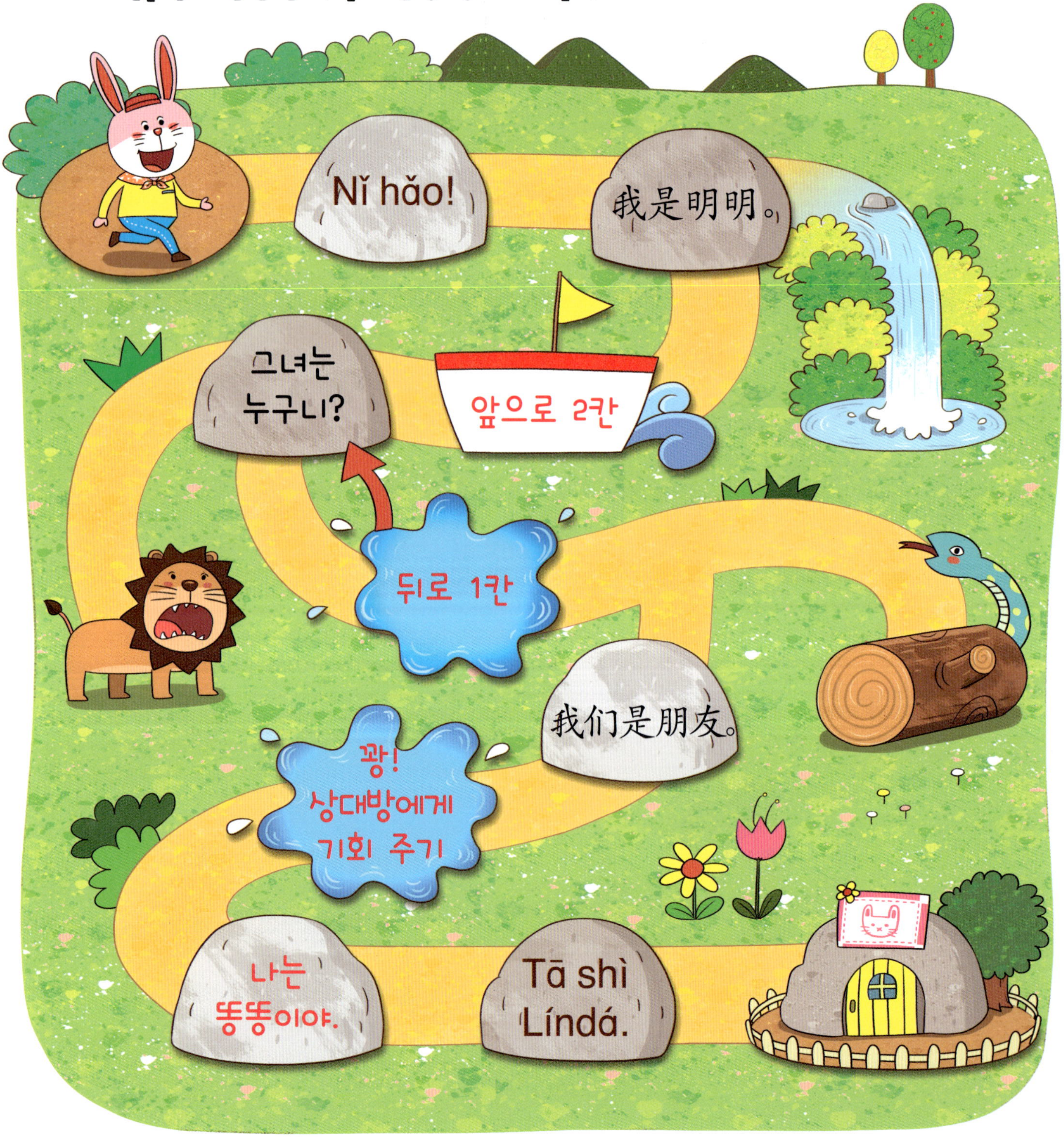

● 다음 그림을 보고 친구와 중국어로 대화해 보세요.

1 녹음을 잘 듣고 해당하는 그림에 ○를 표시하세요.

2 다음 괄호 안에 알맞은 한자를 쓰고 읽어 보세요.

① 我 나 – (　　　) 우리 　② (　　　) 너 – 你们 너희
   wǒ　　　wǒmen　　　　　　nǐ　　　nǐmen

3 다음 그림과 관련된 문장을 연결해 보세요.

①

老师好!
Lǎoshī hǎo!

②

她是琳达。
Tā shì Líndá.

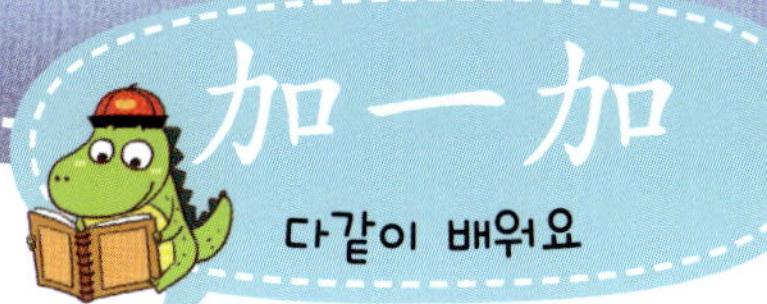

● 수업 중에 선생님이 하시는 말씀을 잘 듣고 기억해 두세요.

1 大家过得好吗?
Dàjiā guò de hǎo ma?

2 同学们都到了吗?
Tóngxuémen dōu dào le ma?

3 上课了!
Shàngkè le!

4 打开书!
Dǎkāi shū!

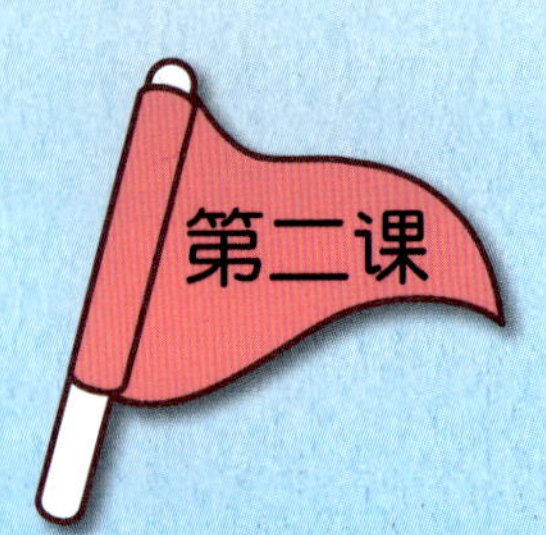

你什么时候回家?

Nǐ shénme shíhou huíjiā?

너는 언제 집에 가니?

- '어린이 중국어 붐붐 1'권에서 배웠던 단어 5개가 그림 속에 숨어있어요. 찾아서 써 보고 큰 소리로 읽어 보세요.

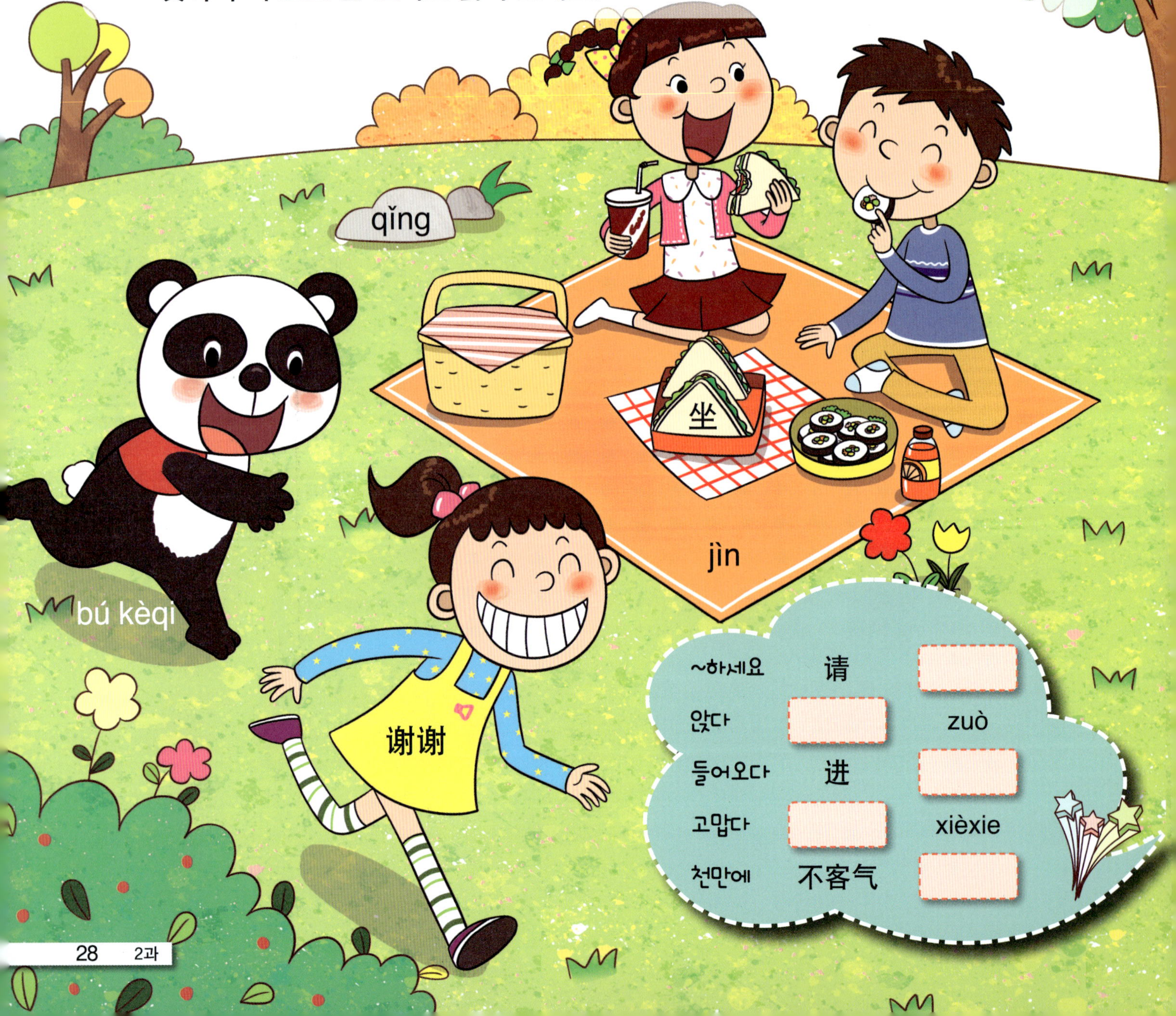

~하세요	请	
앉다		zuò
들어오다	进	
고맙다		xièxie
천만에	不客气	

什么时候回家？

谢谢 谢谢！　不客气 不客气！
Xièxie xièxie!　Bú kèqi bú kèqi!

对不起 对不起！　没关系 没关系！
Duìbuqǐ duìbuqǐ!　Méi guānxi méi guānxi!

什么时候 什么时候，回家 回家？
Shénme shíhou shénme shíhou, huíjiā huíjiā?

七点 七点，回家 回家。
Qī diǎn qī diǎn, huíjiā huíjiā.

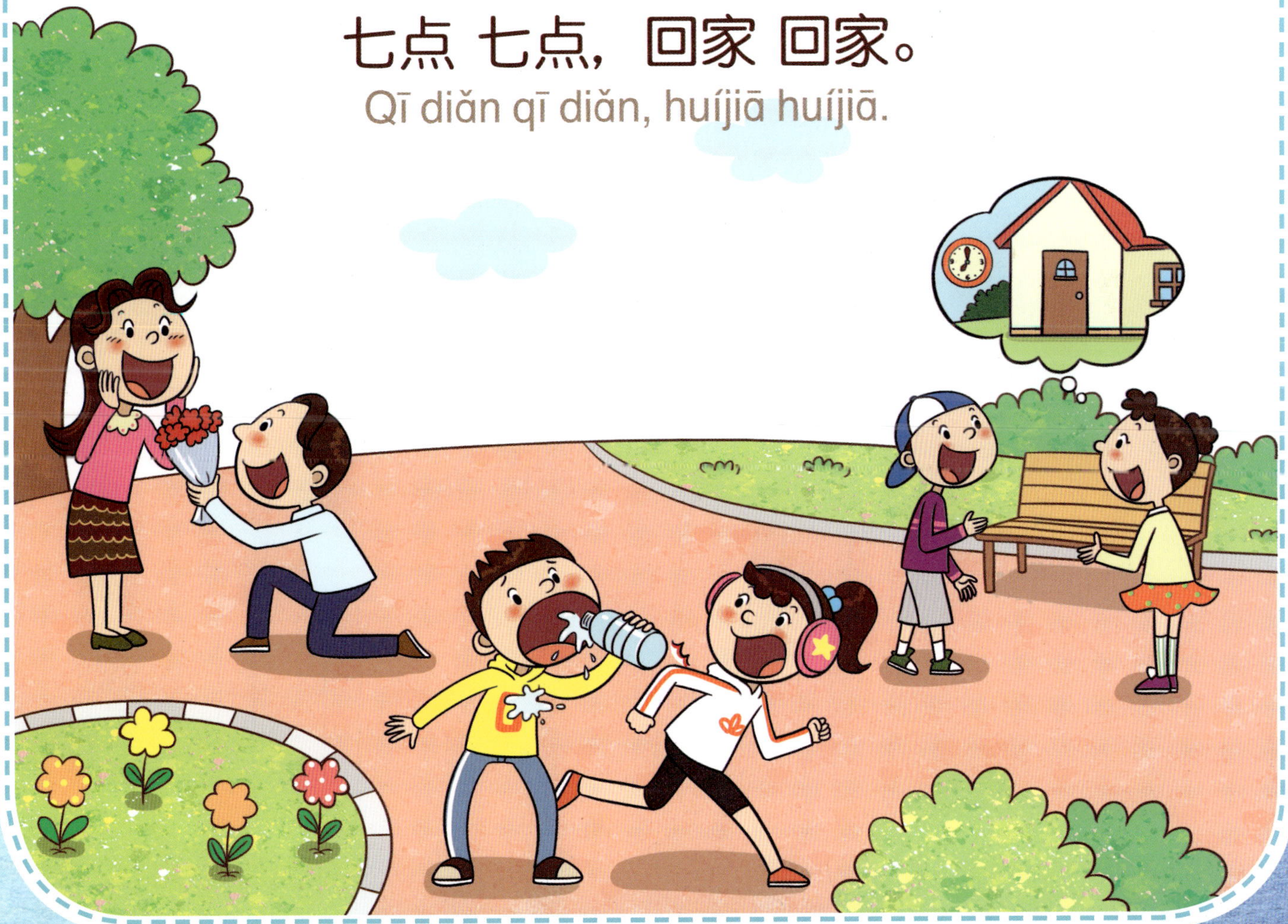

说一说
친구들과 대화해요
CD 1 - 13
请 坐。
Qǐng zuò.
谢谢!
Xièxie!
不客气!
Bú kèqi!
请坐 qǐng zuò 좀 앉아, 앉으세요

你什么时候回家？
Nǐ shénme shíhou huíjiā?
七点回家。
Qī diǎn huíjiā.
我们一起走吧！
Wǒmen yìqǐ zǒu ba!
什么时候 shénme shíhou 언제 | 回家 huíjiā 집에 가다
七点 qī diǎn 7시 | 一起 yìqǐ 함께, 같이 | 走 zǒu 가다 | 吧 ba ~하

● **성조를 표시하는 순서를 배워 보아요.**

중국어의 운모에는 a, o, e, i, u, ü가 있는데 여기에 성조를 붙여주며, 운모가 두 개 이상 올 경우 성조를 붙여주는 순서는 a→o→e→i→u→ü입니다. 예를 들어 병음 hao는 성조를 o가 아닌 a에 붙여 hǎo라고 해주고, 병음 zuo는 u가 아닌 o에 붙여 zuò라고 해줍니다. 그런데 운모 i와 u는 조금 특별해요~ a, o, e가 없이 i와 u가 동시에 오는 경우에는 뒤에 있는 운모에 성조를 붙여줍니다. 그래서 병음 zui는 i에, jiu는 u에 각각 성조를 표시해 준답니다.

아래 그림을 보니 운모들이 달리기를 하고 있네요~ 누가 일등을 하고, 누가 꼴등을 했는지 한 번 볼까요?

달리기 시합을 통해 운모의 등수를 살펴봤는데, 어떤가요? 잘 이해됐죠?

1 시간이나 때를 말할 때는 그 범위가 큰 순서부터 말해요.

예 내일 오전 11시 30분 ➜ 明天　　上午　　十一点　　三十分
　　　　　　　　　　　　míngtiān　shàngwǔ　shíyī diǎn　sānshí fēn

2 什么时候 shénme shíhou : '언제' 라는 뜻으로, 때를 물어볼 때 써요.

A: 你什么时候去学校?
Nǐ shénme shíhou qù xuéxiào?

A: 你什么时候回家?
Nǐ shénme shíhou huíjiā?

B: 明天上午八点去学校。
Míngtiān shàngwǔ bā diǎn qù xuéxiào.

B: 今天晚上七点半回家。
Jīntiān wǎnshang qī diǎn bàn huíjiā.

去学校 qù xuéxiào 학교에 가다 | 八点 bā diǎn 8시 | 半 bàn 30분, 반

● 색칠한 부분에 아래의 중국어를 대입한 후, 큰 소리로 말해 보세요.

1.

A: 请**坐**。
Qǐng zuò.

B: 谢谢!
Xièxie!

进 jìn
들어오다

吃 chī
먹다

说 shuō
말하다

看 kàn
보다

A: 你什么时候回家？
Nǐ shénme shíhou huíjiā?

B: 明天早上回家。
Míngtiān zǎoshang huíjiā.

上午 shàngwǔ
오전

中午 zhōngwǔ
정오

下午 xiàwǔ
오후

晚上 wǎnshang
저녁

길을 따라가면서 친구들이 몇 시에 학교에 가는지 알아보고, 중국어로 말해 보세요.

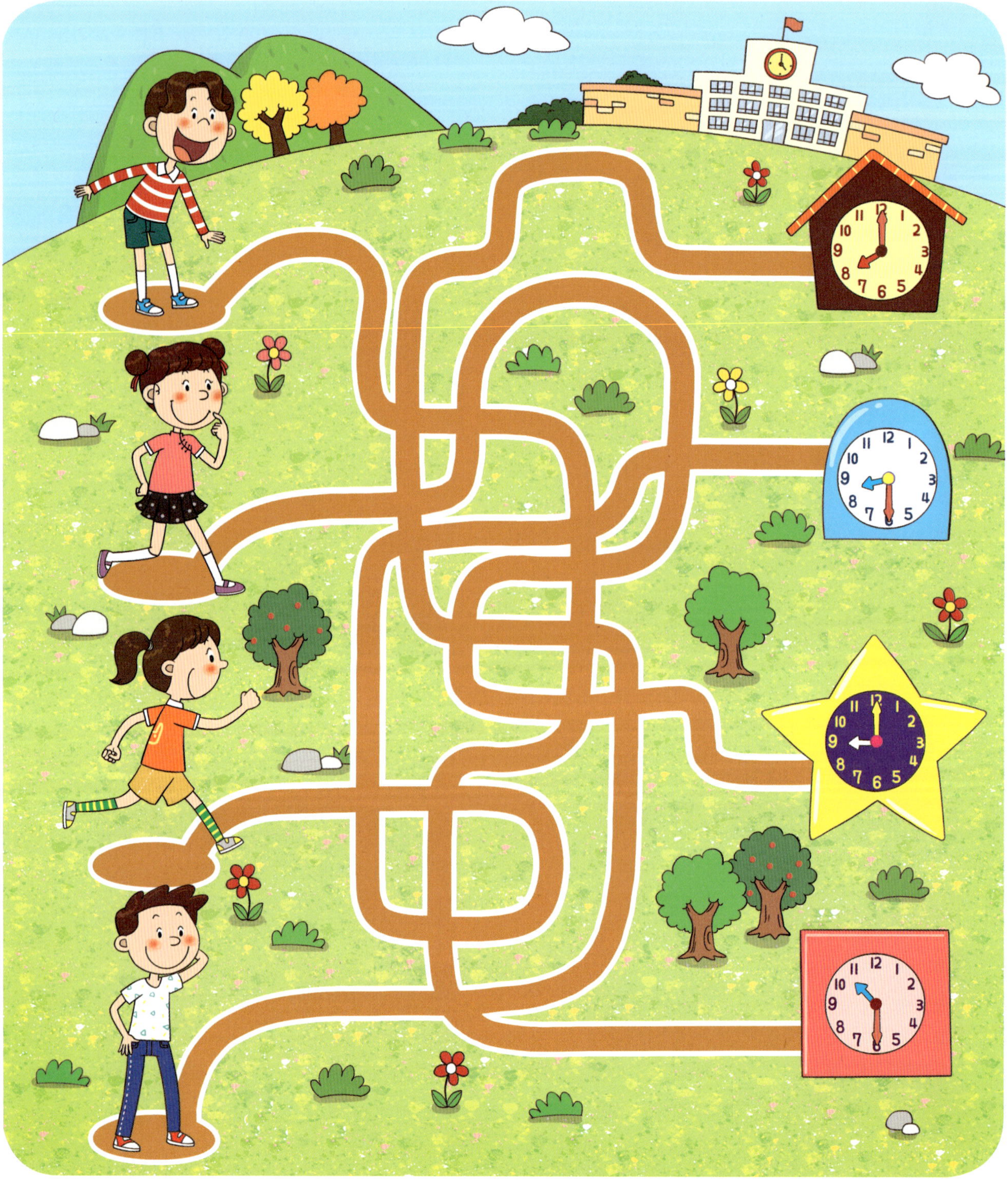

● 다음 그림을 보고 친구와 중국어로 대화해 보세요.

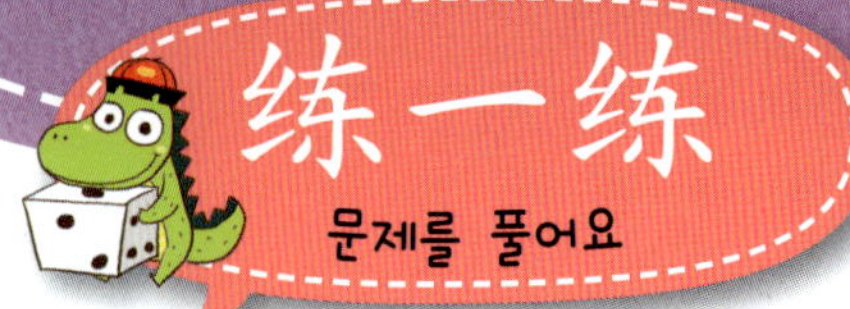

 CD 1 - 17

1 녹음을 잘 듣고 다음 병음에 성조를 표시하세요.

① shihou ② xuexiao ③ bu keqi

2 그림을 보고 보기 에서 해당하는 병음을 찾아 써 넣으세요.

① 

请看。
Qǐng __________.

② 

下午七点半回家。
Xiàwǔ qī diǎn __________ huíjiā.

3 그림을 보고 괄호 안에 알맞은 중국어를 써 넣으세요.

A: 你什么时候去学校？
Nǐ shénme shíhou qù xuéxiào?

B: (　　　　)去学校。
Bā diǎn qù xuéxiào.

● 수업 중에 선생님이 하시는 말씀을 잘 듣고 기억해 두세요.

1 上次我们学了什么？
Shàngcì wǒmen xué le shénme?

2 今天我们要学习"谢谢"。
Jīntiān wǒmen yào xuéxí "xièxie".

3 请大家看黑板。
Qǐng dàjiā kàn hēibǎn.

4 大家一起读。
Dàjiā yìqǐ dú.

超市在什么地方?
Chāoshì zài shénme dìfang?
슈퍼마켓은 어디에 있니?

CD 1 - 19

记一记
단어를 익혀요

- '어린이 중국어 붐붐 1'권에서 배웠던 단어 4개가 그림 속에 숨어있어요.
  찾아서 써 보고 큰 소리로 읽어 보세요.

超市在什么地方？

名字 名字，你叫什么名字？
Míngzi míngzi, nǐ jiào shénme míngzi?

明明 明明，我叫明明。
Míngming Míngming, wǒ jiào Míngming.

姓 姓，你姓什么？
Xìng xìng, nǐ xìng shénme?

王 王，我姓王。
Wáng Wáng, wǒ xìng Wáng.

什么地方 什么地方，超市在什么地方？
Shénme dìfang shénme dìfang, chāoshì zài shénme dìfang?

那儿 那儿，超市在那儿。
Nàr nàr, chāoshì zài nàr.

说一说
친구들과 대화해요
CD 1 - 21
○○超市
你叫什么名字?
Nǐ jiào shénme míngzi?
我叫琳达，你呢?
Wǒ jiào Líndá, nǐ ne?
我叫东东。
Wǒ jiào Dōngdong.

超市在什么地方？
Chāoshì zài shénme dìfang?
在那儿。
Zài nàr.
谢谢！
Xièxie!
超市 chāoshì 슈퍼마켓 | 在 zài ～에 있다
什么地方 shénme dìfang 어디, 어느 곳 | 那儿 nàr 저기, 저곳

念一念
정확히 발음해요

CD 1 - 22

● 다음은 운모 **a** 발음 중에서도 헷갈리기 쉬운 발음이에요. 정확하게 연습해 보세요.

ian

miàn
面

국수, 면

liǎn
脸

얼굴

üan

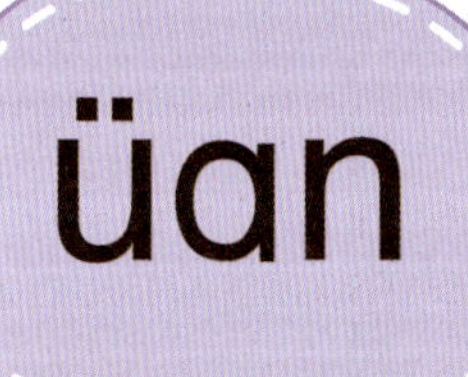

xuǎn
选

선택하다, 고르다

juǎn
卷

말다, 감다

1 이름과 성을 물어볼 때는 다음과 같은 표현을 이용해요.

① 이름을 물어볼 때 : 你叫什么名字?
Nǐ jiào shénme míngzi?

② 성을 물어볼 때 : 你姓什么? (자신과 나이가 같거나 어린 사람)
Nǐ xìng shénme?

您贵姓? (자신보다 나이가 많은 어른)
Nín guì xìng?

★ 姓 xìng + 성 / 叫 jiào + 이름

A: 你叫什么名字?
Nǐ jiào shénme míngzi?

B: 我叫琳达。
Wǒ jiào Líndá.

A: 你姓什么?
Nǐ xìng shénme?

B: 我姓张。
Wǒ xìng Zhāng.

A: 您贵姓?
Nín guì xìng?

B: 我姓金。
Wǒ xìng Jīn.

2 什么地方 shénme dìfang : '어디' 라는 뜻으로, 장소를 물어볼 때 써요.

A: 图书馆在什么地方?
Túshūguǎn zài shénme dìfang?

B: 在那儿。
Zài nàr.

A: 邮局在什么地方?
Yóujú zài shénme dìfang?

B: 在这儿。
Zài zhèr.

姓 xìng 성, 성씨 | 贵姓 guìxìng 성, 성씨(존칭 표현) |
图书馆 túshūguǎn 도서관 | 邮局 yóujú 우체국 | 这儿 zhèr 여기, 이곳

CD 1 - 23

● 색칠한 부분에 아래의 중국어를 대입한 후, 큰 소리로 말해 보세요.

1

A: 你叫什么名字?
Nǐ jiào shénme míngzi?

B: 我叫琳达。
Wǒ jiào Líndá.

明明 Míngming
밍밍

哈里 Hālǐ
할리

东东 Dōngdong
똥똥

民俊 Mínjùn
민준

A：**超市**在什么地方？
Chāoshì zài shénme dìfang?

B：在那儿。
Zài nàr.

银行 yínháng
은행

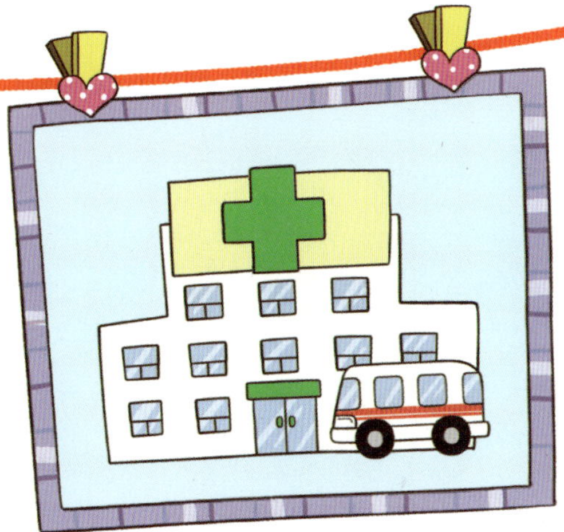

医院 yīyuàn
병원

公园 gōngyuán
공원

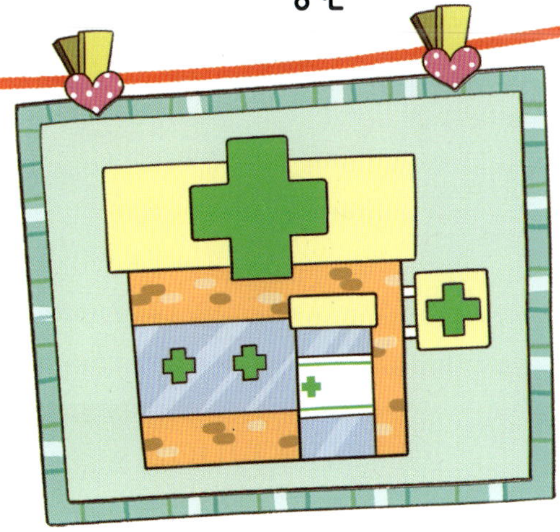

药店 yàodiàn
약국

그림을 보고 친구가 서 있는 곳을 기준으로 하여 선생님의 물음에 "在这儿。" 또는 "在那儿。"을 외쳐보세요.

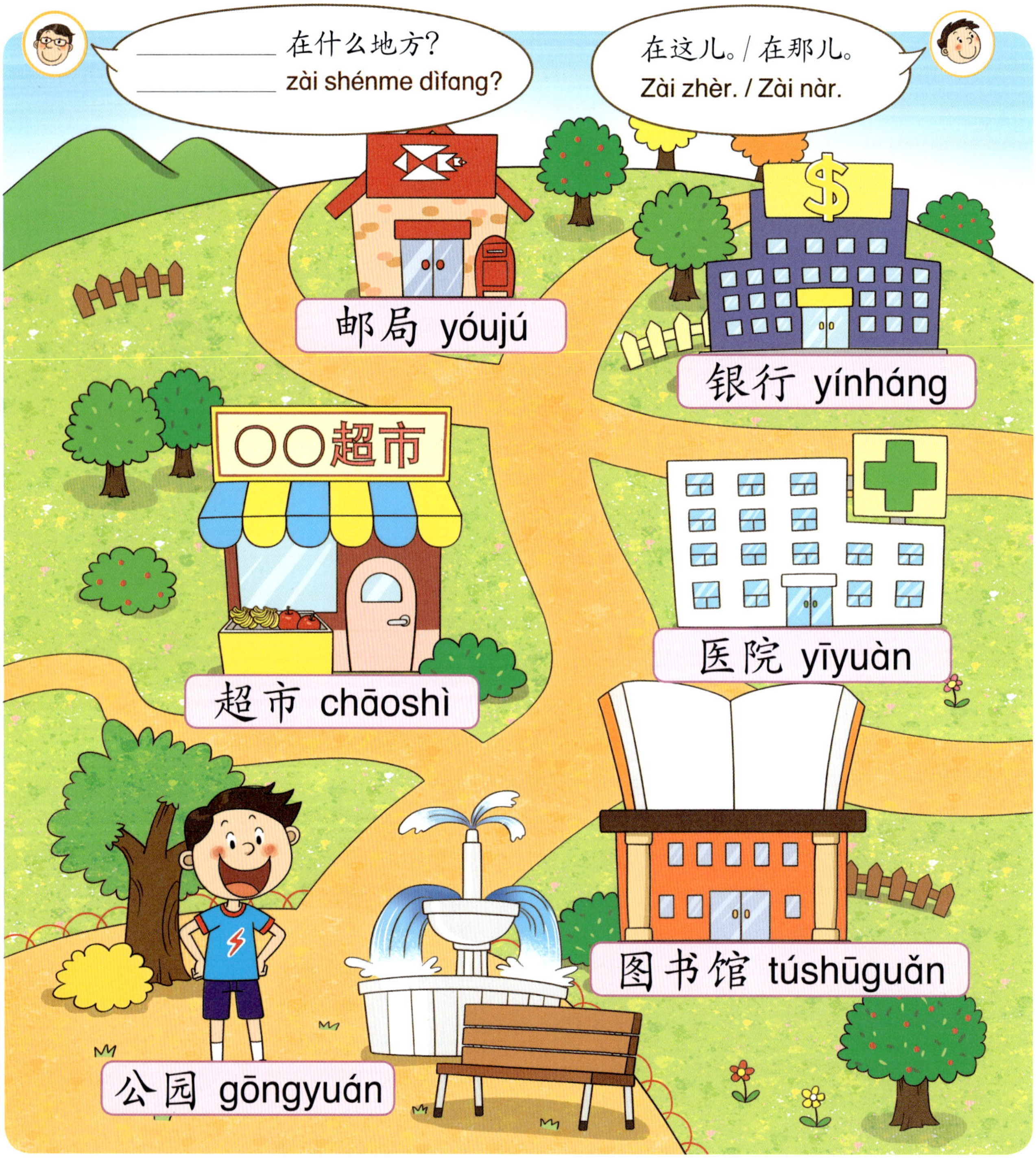

在这儿。은 몇 곳인가요? __________ 곳 / 在那儿。은 몇 곳인가요? __________ 곳

● 다음 그림을 보고 친구와 중국어로 대화해 보세요.

1 녹음을 잘 듣고 해당하는 그림에 ○를 표시하세요.

2 보기 에서 해당하는 중국어를 찾아 괄호 안에 써 넣으세요.

① 在(　　　)。
Zài nàr.

② 我(　　　)金。
Wǒ xìng Jīn.

3 다음 그림과 관련된 문장을 연결해 보세요.

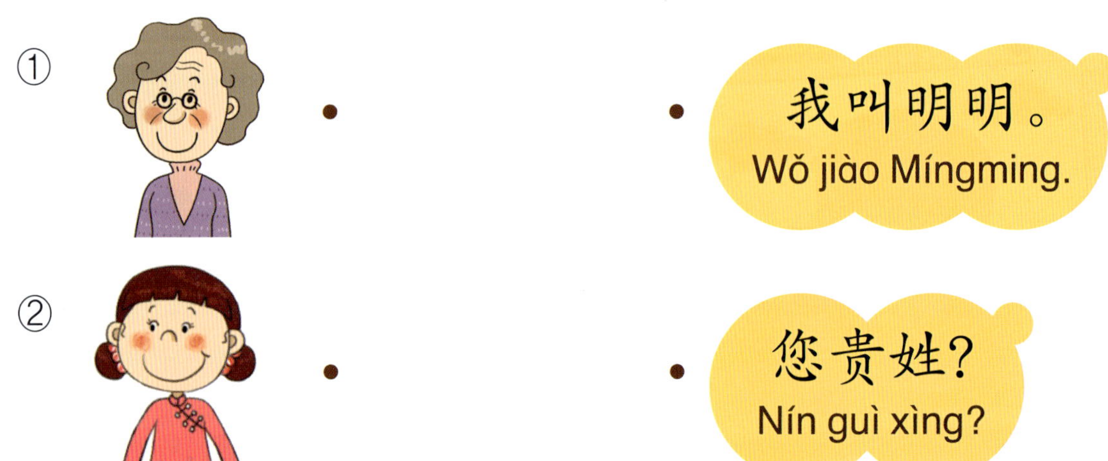

● 수업 중에 선생님이 하시는 말씀을 잘 듣고 기억해 두세요.

1 明白了吗?
Míngbai le ma?

2 难吗?
Nán ma?

3 会做的同学请举手。
Huì zuò de tóngxué qǐng jǔshǒu.

4 做好了!
Zuòhǎo le!

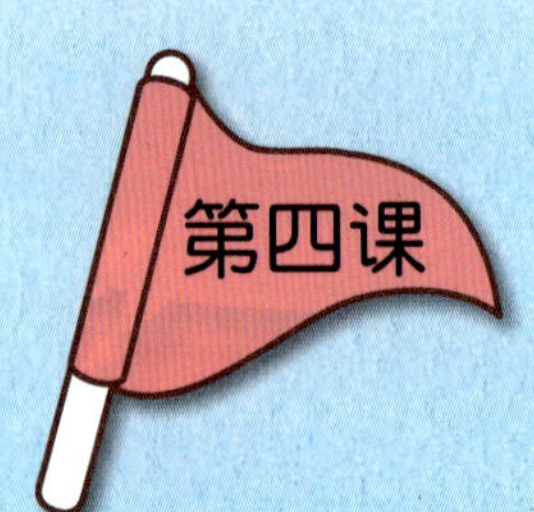

你从哪儿来?

Nǐ cóng nǎr lái?

너는 어디서 왔니?

- '어린이 중국어 붐붐 1'권에서 배웠던 단어 5개가 그림 속에 숨어있어요. 찾아서 써 보고 큰 소리로 읽어 보세요.

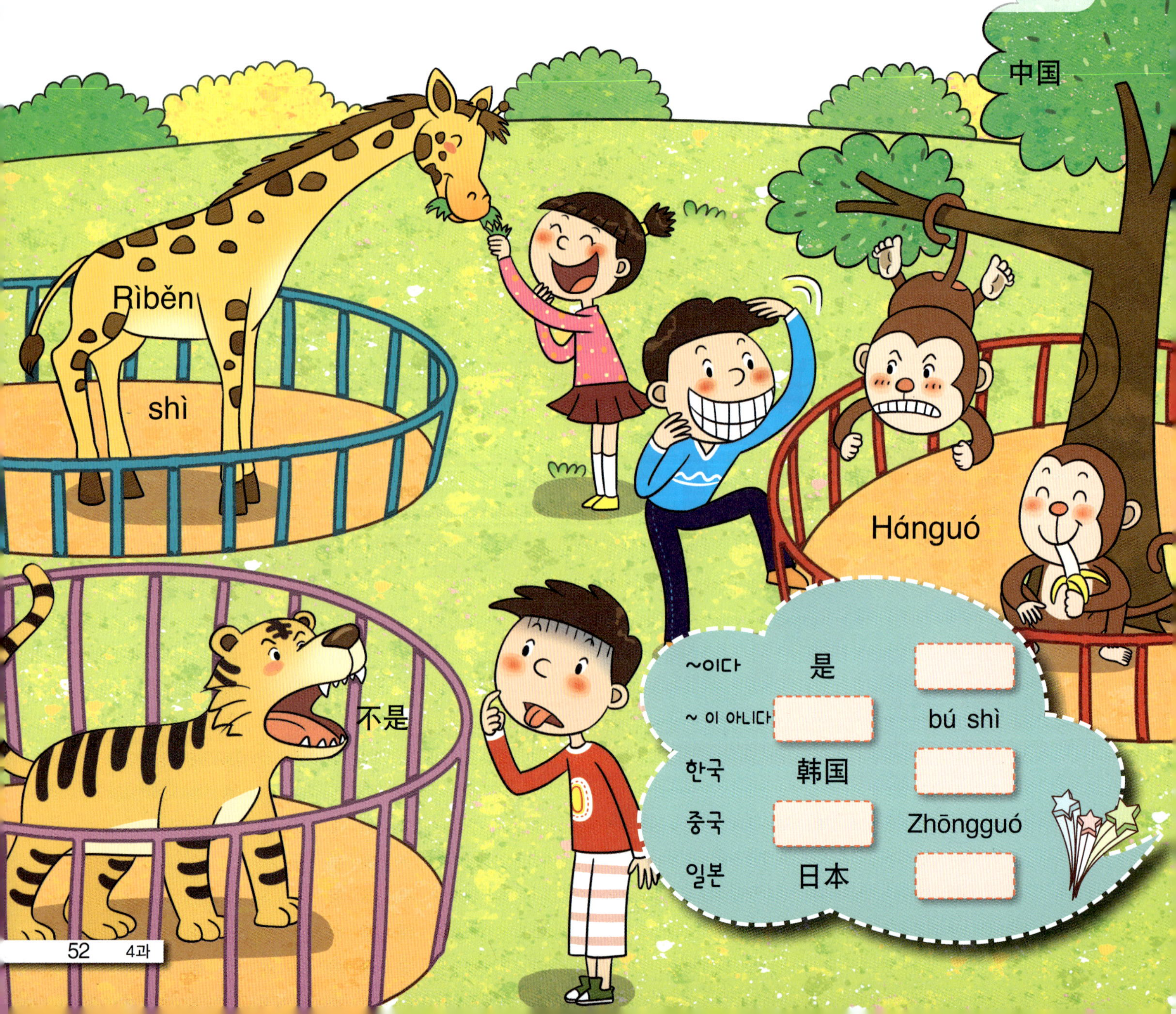

~이다	是	
~ 이 아니다		bú shì
한국	韩国	
중국		Zhōngguó
일본	日本	

你从哪儿来?

哪国人　哪国人，你是哪国人？
Nǎ guó rén nǎ guó rén, nǐ shì nǎ guó rén?

韩国人　韩国人，我是韩国人。
Hánguórén Hánguórén, wǒ shì Hánguórén.

日本人　日本人，不是日本人。
Rìběnrén Rìběnrén,　bú shì Rìběnrén.

哪儿来　哪儿来，你从哪儿来？
Nǎr lái　　nǎr lái,　　Nǐ cóng nǎr lái?

首尔　首尔，我从首尔来。
Shǒu'ěr　Shǒu'ěr, wǒ cóng Shǒu'ěr lái.

美国　美国，我从美国来。
Měiguó Měiguó,　wǒ cóng Měiguó lái.

说一说
친구들과 대화해요
CD 1-29

你从哪儿来？
Nǐ cóng nǎr lái?

我从首尔来。 我是韩国人。 你呢？
Wǒ cóng Shǒu'ěr lái. Wǒ shì Hánguórén. Nǐ ne?

从 cóng ~로부터 哪儿 nǎr 어디 来 lái 오다 | 首尔 Shǒu'ěr 서울 |
韩国人 Hánguórén 한국사람 | 呢 ne ~는요?

美国 Měiguó 미국 | 哪国人 nǎ guó rén 어느 나라 사람 |
中国人 Zhōngguórén 중국사람 | 都 dōu 모두 | 有 yǒu 있다 | 啊 a ~이구나!(감탄사)

念一念
정확히 발음해요

CD 1 - 30

● 다음은 운모 o 발음 중에서도 헷갈리기 쉬운 발음이에요. 정확하게 연습해 보세요.

ou

gǒu
狗

강아지, 개

tóufa
头发

머리카락

uo

zuò
坐

앉다

duō
多

많다

1 哪国 nǎ guó : '어느 나라'라는 뜻으로, 나라를 물어볼 때 써요.

A: 你是哪国人?
Nǐ shì nǎ guó rén?

B: 我是韩国人。
Wǒ shì Hánguórén.

A: 你是哪国人?
Nǐ shì nǎ guó rén?

B: 我是日本人。
Wǒ shì Rìběnrén.

★ 나라 + 人 rén = 나라사람

2 哪儿 nǎr : '어디'라는 뜻으로, 장소를 물어볼 때 써요.

A: 你从哪儿来?
Nǐ cóng nǎr lái?

B: 我从首尔来。
Wǒ cóng Shǒu'ěr lái.

A: 你从哪儿来?
Nǐ cóng nǎr lái?

B: 我从北京来。
Wǒ cóng Běijīng lái.

日本人 Rìběnrén 일본사람 | 北京 Běijīng 베이징

● 색칠한 부분에 아래의 중국어를 대입한 후, 큰 소리로 말해 보세요.

1.

A: 你是哪国人?
Nǐ shì nǎ guó rén?

B: 我是韩国人。
Wǒ shì Hánguórén.

美国人 Měiguórén
미국사람

中国人 Zhōngguórén
중국사람

法国人 Fǎguórén
프랑스사람

日本人 Rìběnrén
일본사람

英国人 Yīngguórén
영국사람

2.

A: 你从哪儿来？
Nǐ cóng nǎr lái?

B: 我从首尔来。
Wǒ cóng Shǒu'ěr lái.

华盛顿 Huáshèngdùn

워싱턴

北京 Běijīng

베이징

巴黎 Bālí

파리

东京 Dōngjīng

동경

伦敦 Lúndūn

런던

지우개를 던져 앞면이 나오면 앞으로 2칸, 뒷면이 나오면 뒤로 1칸 갑니다. 지우개가 위치한 곳에서 연상되는 국가를 말해 보세요. 가장 많은 점수를 획득하는 팀이 이기는 게임입니다.

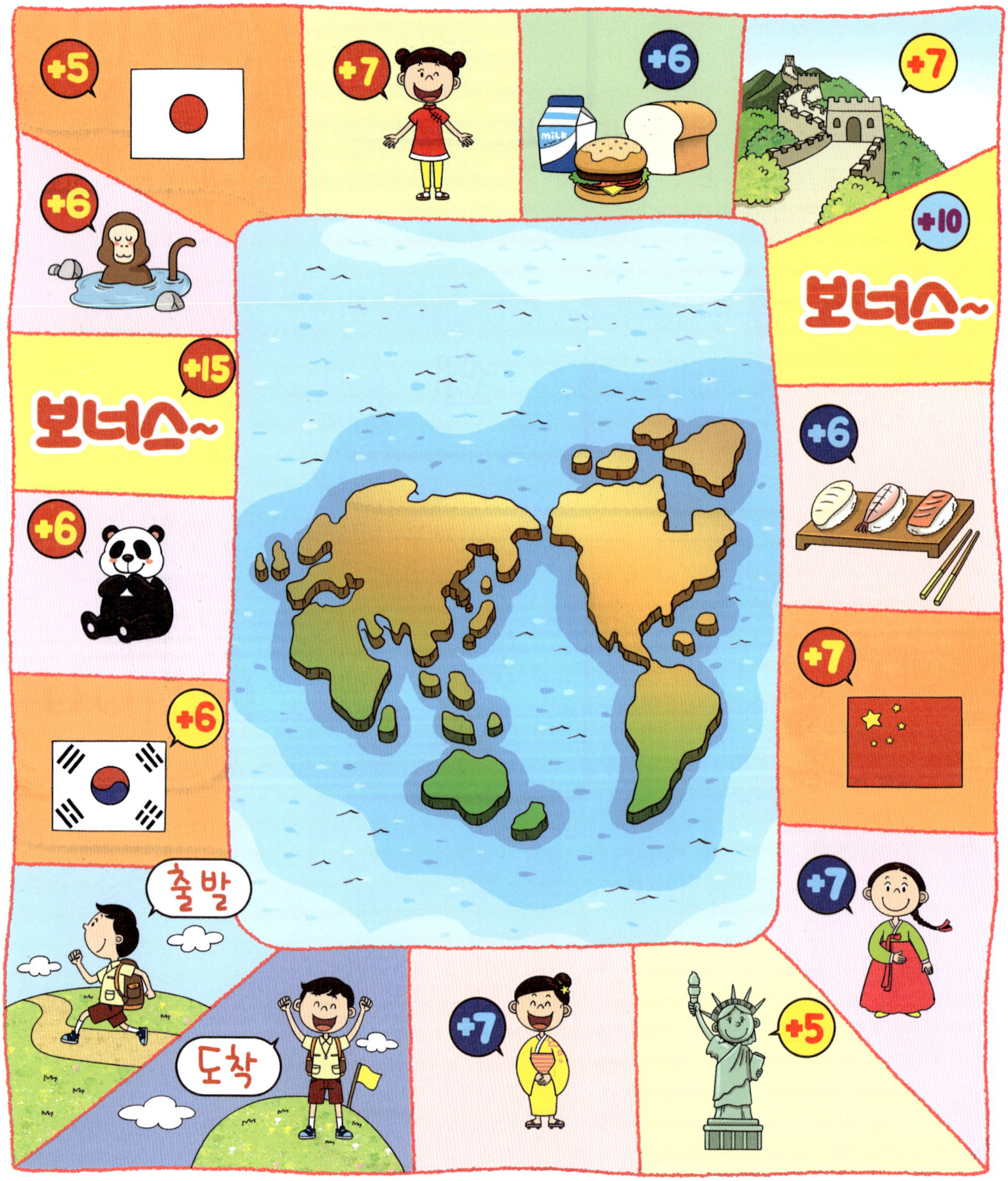

讲一讲
이야기로 배워요
CD 1 - 32

다음 그림을 보고 친구와 중국어로 대화해 보세요.

你是哪国人?
Nǐ shì nǎ guó rén?
저는 프랑스사람이에요.

我从巴黎来。
Wǒ cóng Bālí lái.
당신은 어디에서 왔나요?

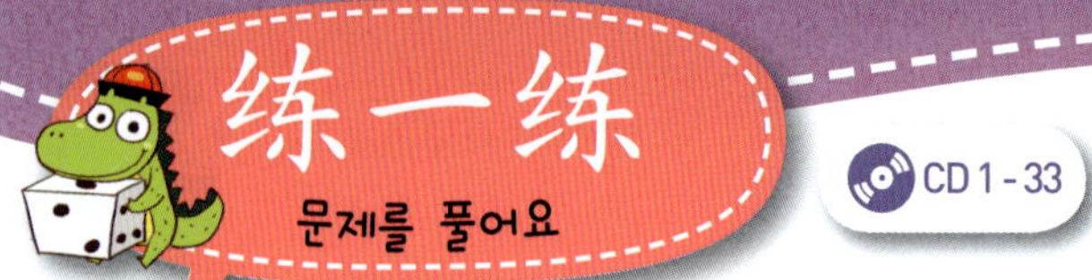

1 녹음을 잘 듣고 다음 병음에 성조를 표시하세요.

① Shou'er
② Riben
③ Meiguo

2 그림을 보고 보기 에서 해당하는 병음을 찾아 써 넣으세요.

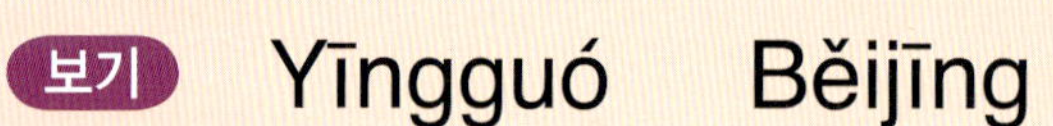

① 

我是英国人。
Wǒ shì __________ rén.

② 

我从北京来。
Wǒ cóng __________ lái.

3 그림을 보고 괄호 안에 알맞은 중국어를 써 넣으세요.

A: 你从哪儿来？
Nǐ cóng nǎr lái?

B: 我从（　　　　）来。
Wǒ cóng Měiguó lái.

● 수업 중에 선생님이 하시는 말씀을 잘 듣고 기억해 두세요.

1 读一读。
Dú yi dú.

2 别的同学注意听。
Biéde tóngxué zhùyì tīng.

3 再来一次。
Zài lái yí cì.

4 说得很好!
Shuō de hěn hǎo!

自 己 做
혼자서도 잘해요

● 앞에서 배운 내용을 한 번 정리해 보아요. 

谁	shéi	'누구'라는 뜻으로, '사람'을 물어볼 때 써요.
什么时候	shénme shíhou	'언제'라는 뜻으로, '때'를 물어볼 때 써요.
什么地方	shénme dìfang	'어디'라는 뜻으로, '장소'를 물어볼 때 써요.
哪儿	nǎr	'어디'라는 뜻으로, '장소'를 물어볼 때 써요.

1 다음 빈칸을 채워 보세요. 

 빈칸에 알맞은 중국어를 보기에서 골라 써 넣으세요.

보기 对不起   美国   同学
      韩国   中国人   吃

3 각 형광펜에 들어갈 수 있는 단어를 찾아 동일한 색으로 칠해 보고, 친구와 대화해 보세요.

① A: 他是谁？
Tā shì shéi?

B: 他是 民俊。
Tā shì Mínjùn.

② A: 你什么时候回家？
Nǐ shénme shíhou huíjiā?

B: 我 八点 回家。
Wǒ bā diǎn huíjiā.

③ A: 银行在什么地方？
Yínháng zài shénme dìfang?

B: 在 那儿。
Zài nàr.

④ A: 你从哪儿来？
Nǐ cóng nǎr lái?

B: 我从 美国 来。
Wǒ cóng Měiguó lái.

누가 언제 어디 어디?

谁 누구? 他是谁 他是谁?
Shéi 누구? Tā shì shéi tā shì shéi?

什么时候 언제? 什么时候回家?
Shénme shíhou 언제? Shénme shíhou huíjiā?

什么地方 어디? 超市在什么地方?
Shénme dìfang 어디? Chāoshì zài shénme dìfang?

哪儿 어디? 从哪儿来 从哪儿来?
Nǎr 어디? Cóng nǎr lái cóng nǎr lái?

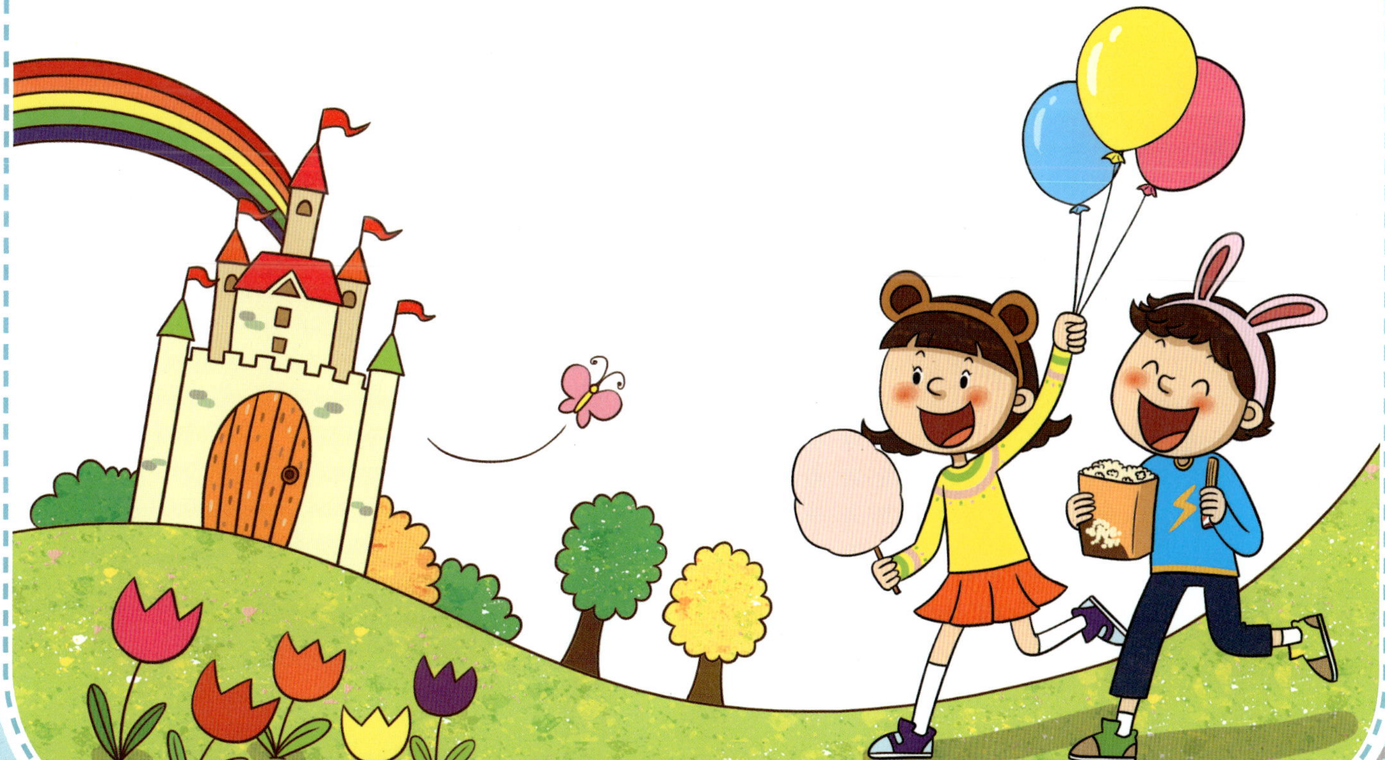

5 그림을 보고 친구와 중국어로 대화해 보세요.　 CD 1 - 38

小王子 xiǎo wángzi 어린 왕자

등장인물

超市在什么地方?
Chāoshì zài shénme dìfang?
저기에 있어.

我从北京来。
Wǒ cóng Běijīng lái.
너는 어디서 왔니?

你爸爸做什么工作？

Nǐ bàba zuò shénme gōngzuò?

너희 아빠는 무슨 일을 하시니?

- '어린이 중국어 붐붐 1'권에서 배웠던 단어 5개가 그림 속에 숨어있어요.
  찾아서 써 보고 큰 소리로 읽어 보세요.

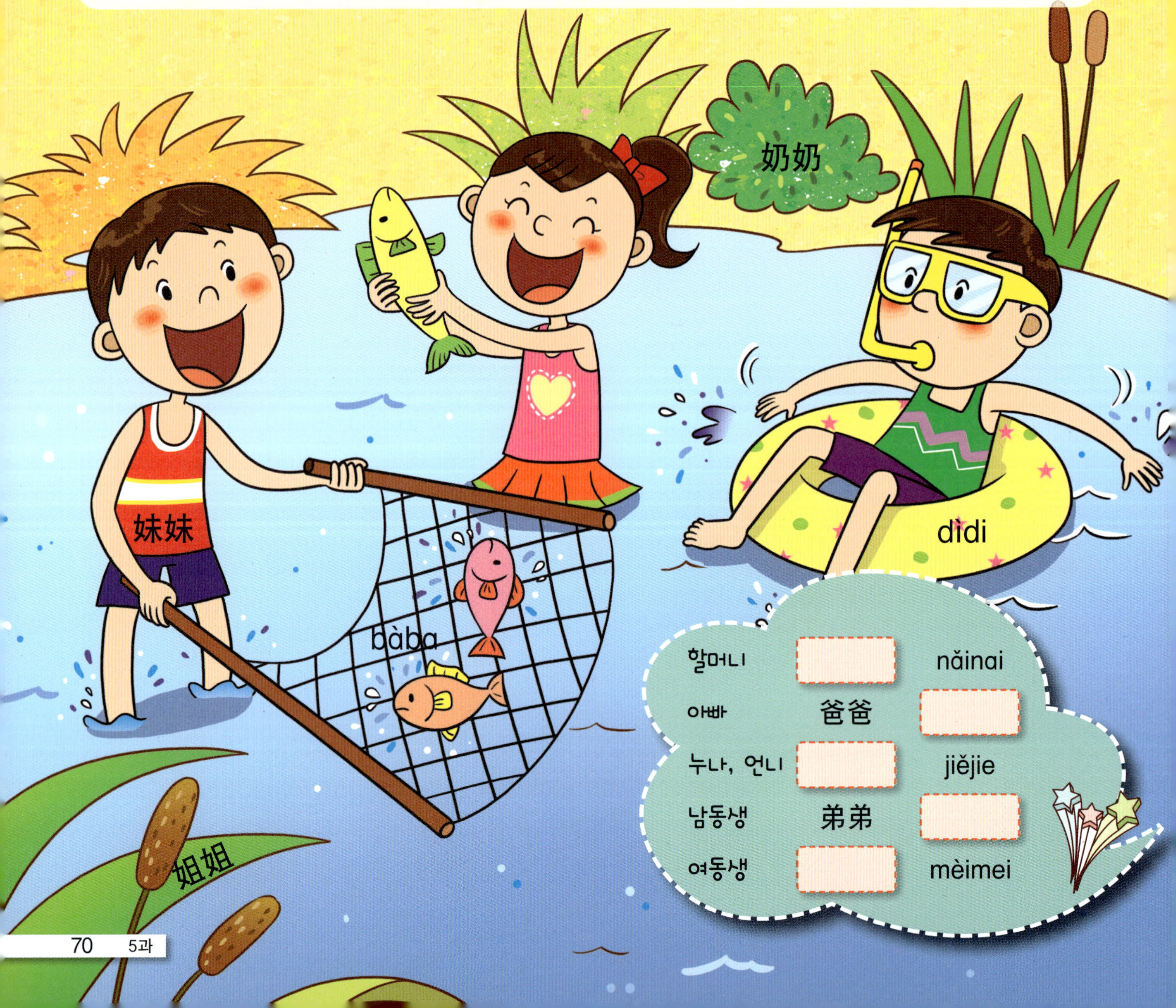

할머니		nǎinai
아빠	爸爸	
누나, 언니		jiějie
남동생	弟弟	
여동생		mèimei

爸爸做什么工作?

是谁　是谁，他是谁？
Shì shéi shì shéi, tā shì shéi?

爸爸　爸爸，他是我爸爸。
Bàba bàba,　　tā shì wǒ bàba.

工作　工作，爸爸做什么工作？
Gōngzuò gōngzuò, bàba zuò shénme gōngzuò?

大夫　大夫，爸爸是大夫。
Dàifu dàifu,　　bàba shì dàifu.

工作　工作，妈妈做什么工作？
Gōngzuò gōngzuò, māma zuò shénme gōngzuò?

老师　老师，妈妈是老师。
Lǎoshī lǎoshī, māma shì lǎoshī.

 他是谁？
Tā shì shéi?

 他是我爸爸。
Tā shì wǒ bàba.

 你爸爸做什么工作？
Nǐ bàba zuò shénme gōngzuò?

他是我爸爸。
Wǒ bàba shì dàifu.
我爸爸是大夫。

谁 shéi 누구 ｜ 做 zuò 하다 ｜ 工作 gōngzuò 일 ｜ 大夫 dàifu 의사

你妈妈做什么工作？
Nǐ māma zuò shénme gōngzuò?

我妈妈是老师。
Wǒ māma shì lǎoshī.

老师 lǎoshī 선생님

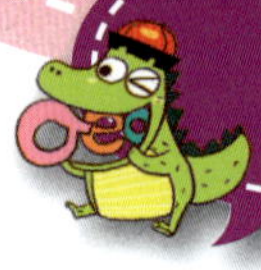

念一念
정확히 발음해요

CD 2-04

● 다음은 운모 e 발음 중에서도 헷갈리기 쉬운 발음이에요. 정확하게 연습해 보세요.

ei

fēijī
飞机

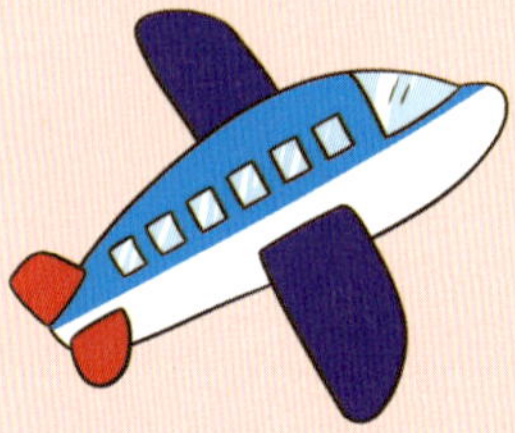

비행기

ie

jiè
借

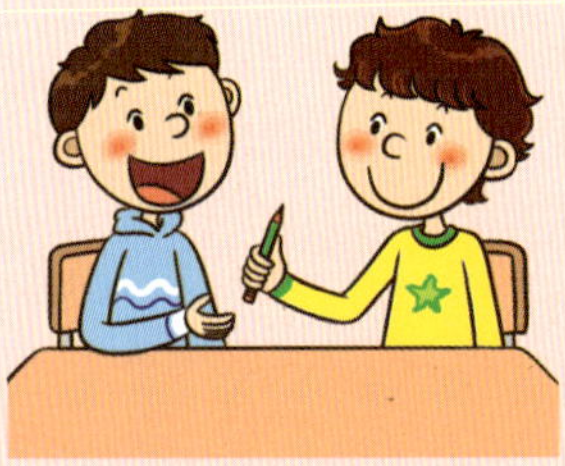

빌리다

üe

yuèliang
月亮

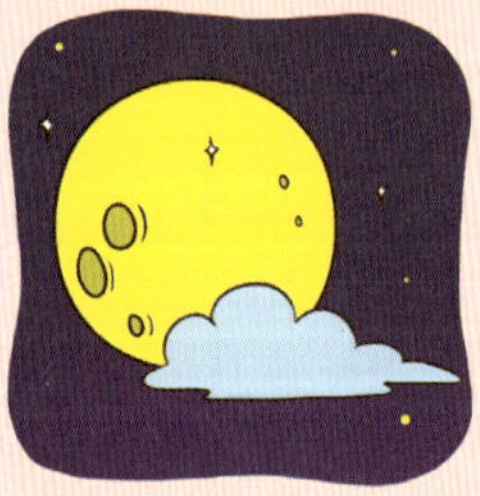

달

1 가족을 나타내는 표현을 배워 보아요.

2 什么 shénme : '무엇' 이라는 뜻으로, 사물이나 직업을 물어볼 때 써요.

A: 你爸爸做什么工作?
Nǐ bàba zuò shénme gōngzuò?

B: 我爸爸是大夫。
Wǒ bàba shì dàifu.

A: 你姐姐做什么工作?
Nǐ jiějie zuò shénme gōngzuò?

B: 我姐姐是护士。
Wǒ jiějie shì hùshi.

护士 hùshi 간호사

CD 2 - 05

1.

A: 她是谁?
Tā shì shéi?

B: 她是我**妈妈**。
Tā shì wǒ māma.

姐姐 jiějie
언니

妹妹 mèimei
여동생

奶奶 nǎinai
할머니

姥姥 lǎolao
외할머니

姑姑 gūgu
고모

A: 你爸爸做什么工作？
Nǐ bàba zuò shénme gōngzuò?

B: 我爸爸是大夫。
Wǒ bàba shì dàifu.

运动员 yùndòngyuán
운동선수

公司职员 gōngsī zhíyuán
회사원

记者 jìzhě
기자

歌手 gēshǒu
가수

公务员 gōngwùyuán
공무원

玩一玩
놀면서 배워요

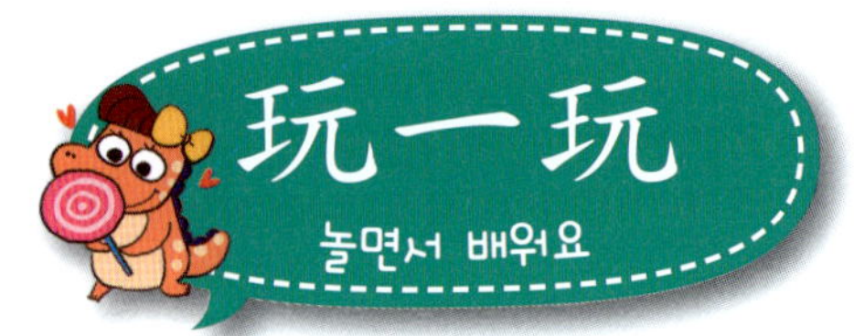

다음은 민호네 가족이에요. 그림을 보고 민호와 어떤 관계인지를 생각해가며 빈칸에 중국어로 써 보세요.

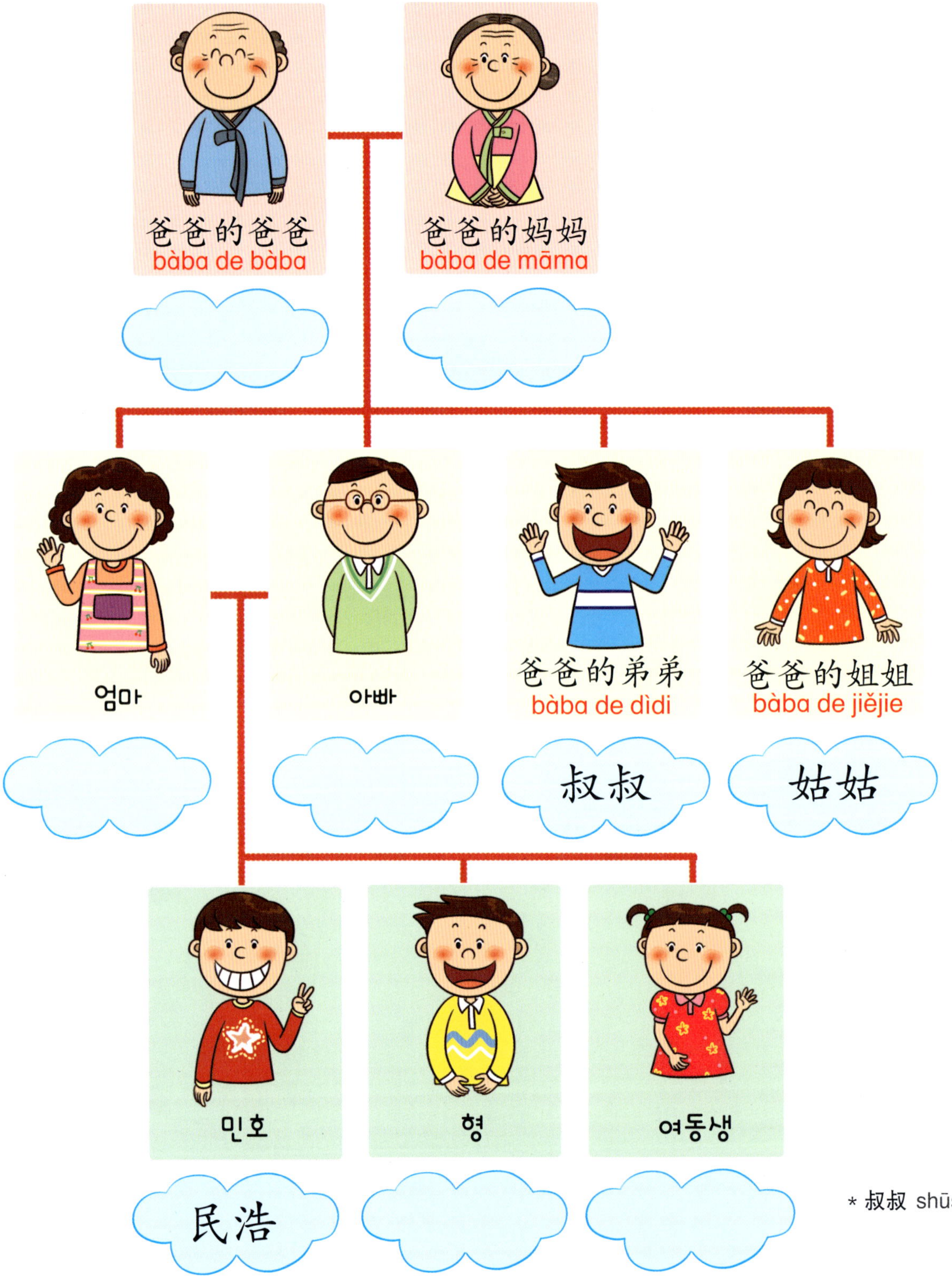

爸爸的爸爸
bàba de bàba
爸爸的妈妈
bàba de māma
엄마
아빠
爸爸的弟弟
bàba de dìdi
叔叔
爸爸的姐姐
bàba de jiějie
姑姑
민호
民浩
형
여동생

* 叔叔 shūshu 삼촌

다음 그림을 보고 친구와 중국어로 대화해 보세요.

1 녹음을 잘 듣고 해당하는 그림에 ○를 표시하세요.

2 보기 에서 해당하는 중국어를 찾아 괄호 안에 써 넣으세요.

① 我（   ）是歌手。
Wǒ jiějie shì gēshǒu.

② 我妈妈是（   ）。
Wǒ māma shì lǎoshī.

3 다음 관련된 것끼리 연결하세요.

①

我哥哥是运动员。
Wǒ gēge shì yùndòngyuán.

②

我妈妈是老师。
Wǒ māma shì lǎoshī.

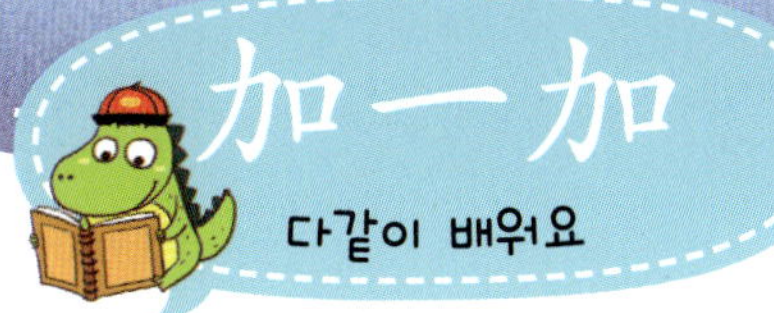

● 수업 중에 선생님이 하시는 말씀을 잘 듣고 기억해 두세요.

1 老师! 我想去洗手间。
Lǎoshī! Wǒ xiǎng qù xǐshǒujiān.

2 去吧。
Qù ba.

3 不要吵闹!
Búyào chǎonào!

4 你困吗?
Nǐ kùn ma?

第六课
你属什么?
Nǐ shǔ shénme?
너는 무슨 띠니?
CD 2 - 09
记一记
단어를 익혀요
'어린이 중국어 붐붐 1'권에서 배웠던 단어 5개가 그림 속에 숨어있어요.
찾아서 써 보고 큰 소리로 읽어 보세요.
liù
八
jǐ
jiǔ
岁
몇(나이)   几
살, 세   suì
6, 여섯   六
8, 여덟   bā
9, 아홉   九

CD 2 - 10

你属什么?

几岁　几岁，你妹妹几岁？
Jǐ suì jǐ suì, nǐ mèimei jǐ suì?

八岁　八岁，我妹妹八岁。
Bā suì bā suì, wǒ mèimei bā suì.

多大　多大，你哥哥多大？
Duō dà duō dà, nǐ gēge duō dà?

十七岁　十七岁，我哥哥十七岁。
Shíqī suì shíqī suì, wǒ gēge shíqī suì.

属什么　属什么，你属什么？
Shǔ shénme shǔ shénme, nǐ shǔ shénme?

属虎　属虎，我属虎。
Shǔ hǔ shǔ hǔ, wǒ shǔ hǔ.

说一说
친구들과 대화해요

CD 2-11

你妹妹几岁？
Nǐ mèimei jǐ suì?

我妹妹八岁。
Wǒ mèimei bā suì.

多大 duō dà (나이가) 몇 인가 │ 十七 shíqī 17, 열일곱 │
属 shǔ 띠가 ～이다 │ 属虎 shǔ hǔ 호랑이 띠이다

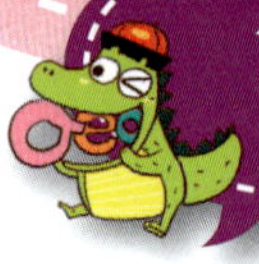

念一念

정확히 발음해요

CD 2-12

● 다음은 운모 i 발음이에요. 정확하게 연습해 보세요.

i

zhǐ
纸

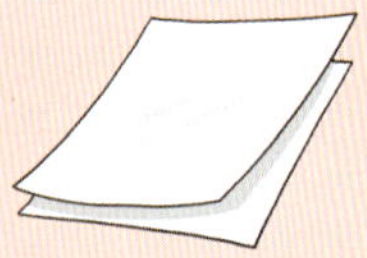

종이

chī
吃

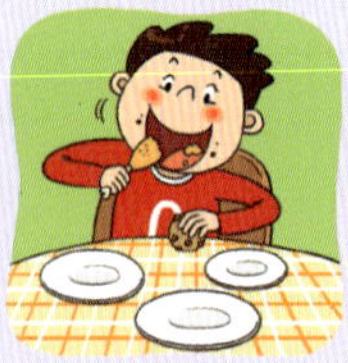

먹다

shí
十

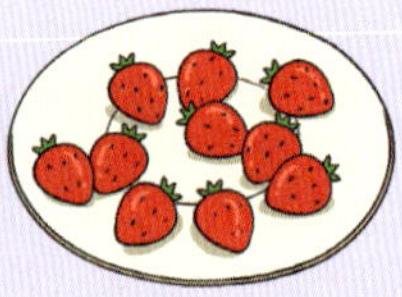

10, 열

rì
日

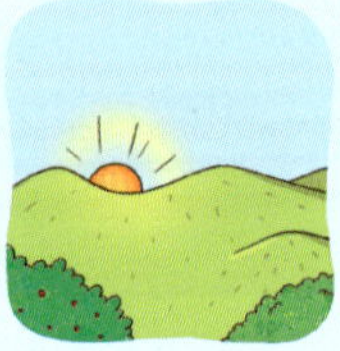

해

zì
字

汉字

글자

cì
刺

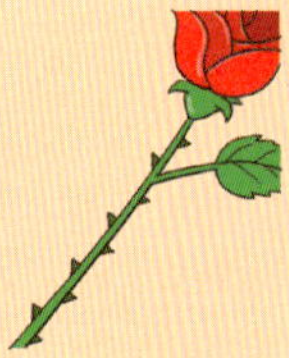

가시

sì
四

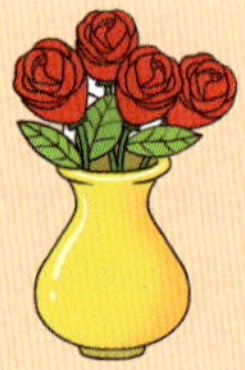

4, 넷

1 10살보다 어린 경우에는 几 jǐ 를, 10살보다 많은 경우에는 多大 duōdà 를 이용하여 나이를 물어봐요.

A: 你妹妹几岁?
Nǐ mèimei jǐ suì?

B: 我妹妹八岁。
Wǒ mèimei bā suì.

A: 你多大?
Nǐ duō dà?

B: 我十一岁。
Wǒ shíyī suì.

★几 jǐ 〈 10 〈 多大 duō dà

2 띠를 물어볼 때는 属 shǔ 를 이용하여 물어봐요.

A: 你属什么?
Nǐ shǔ shénme?

B: 我属鸡。
Wǒ shǔ jī.

A: 你属什么?
Nǐ shǔ shénme?

B: 我属猪。
Wǒ shǔ zhū.

十一 shíyī 11, 열하나 | 属鸡 shǔ jī 닭 띠이다 | 属猪 shǔ zhū 돼지 띠이다

CD 2 - 13

● 색칠한 부분에 아래의 중국어를 대입한 후, 큰 소리로 말해 보세요.

1

A: 你弟弟属什么?
Nǐ dìdi shǔ shénme?

B: 我弟弟属鼠。
Wǒ dìdi shǔ shǔ.

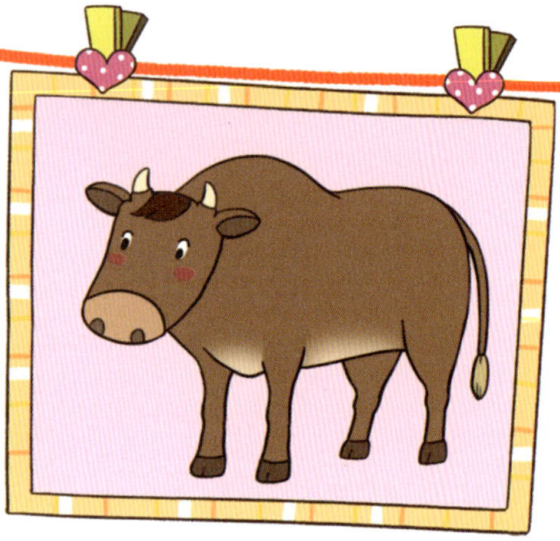

牛 niú
소

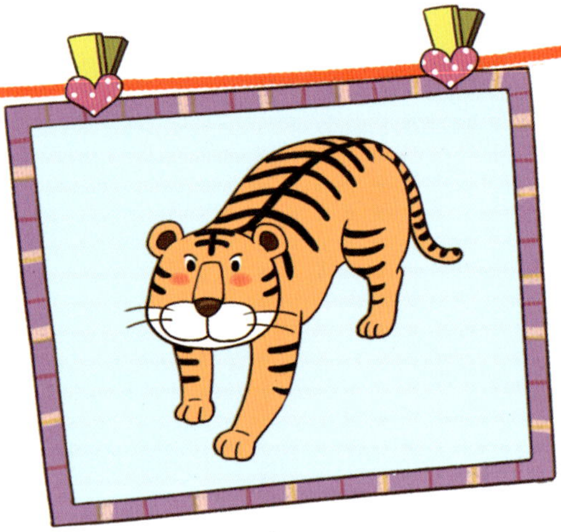

虎 hǔ
호랑이

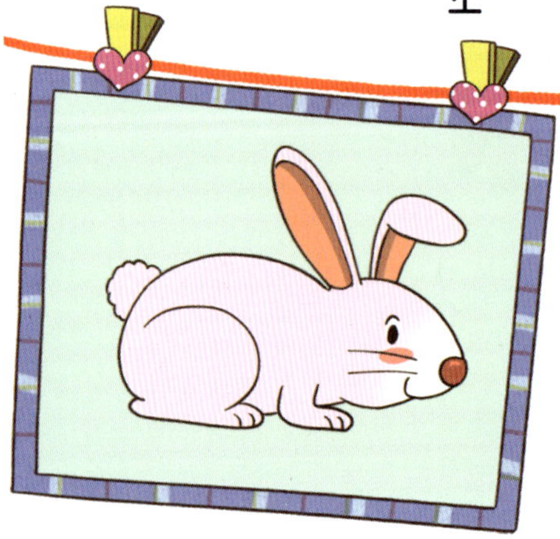

兔 tù
토끼

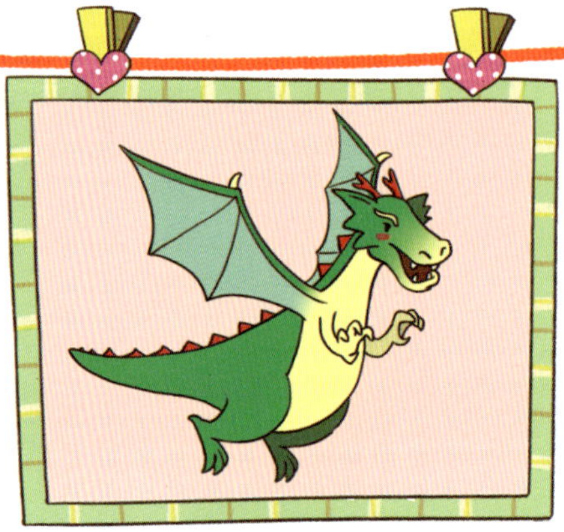

龙 lóng
용

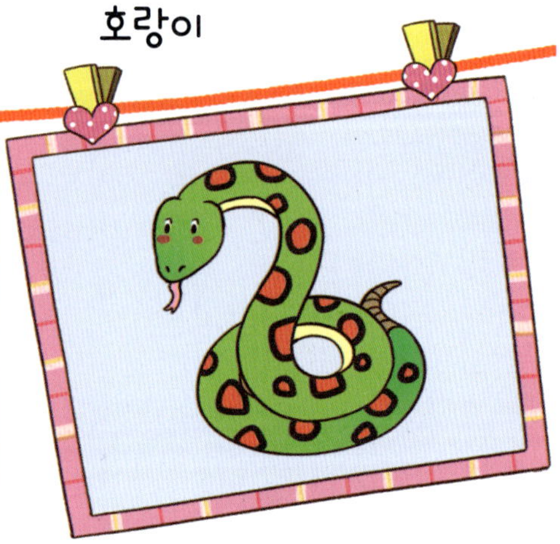

蛇 shé
뱀

马 mǎ
말
羊 yáng
양
猴 hóu
원숭이

鸡 jī
닭
狗 gǒu
개
猪 zhū
돼지

玩一玩

놀면서 배워요

사다리를 타고 가면 식구들의 띠를 알 수 있습니다. 빈칸에 식구들의 띠를 병음으로 써보고 큰 소리로 말해 보세요.

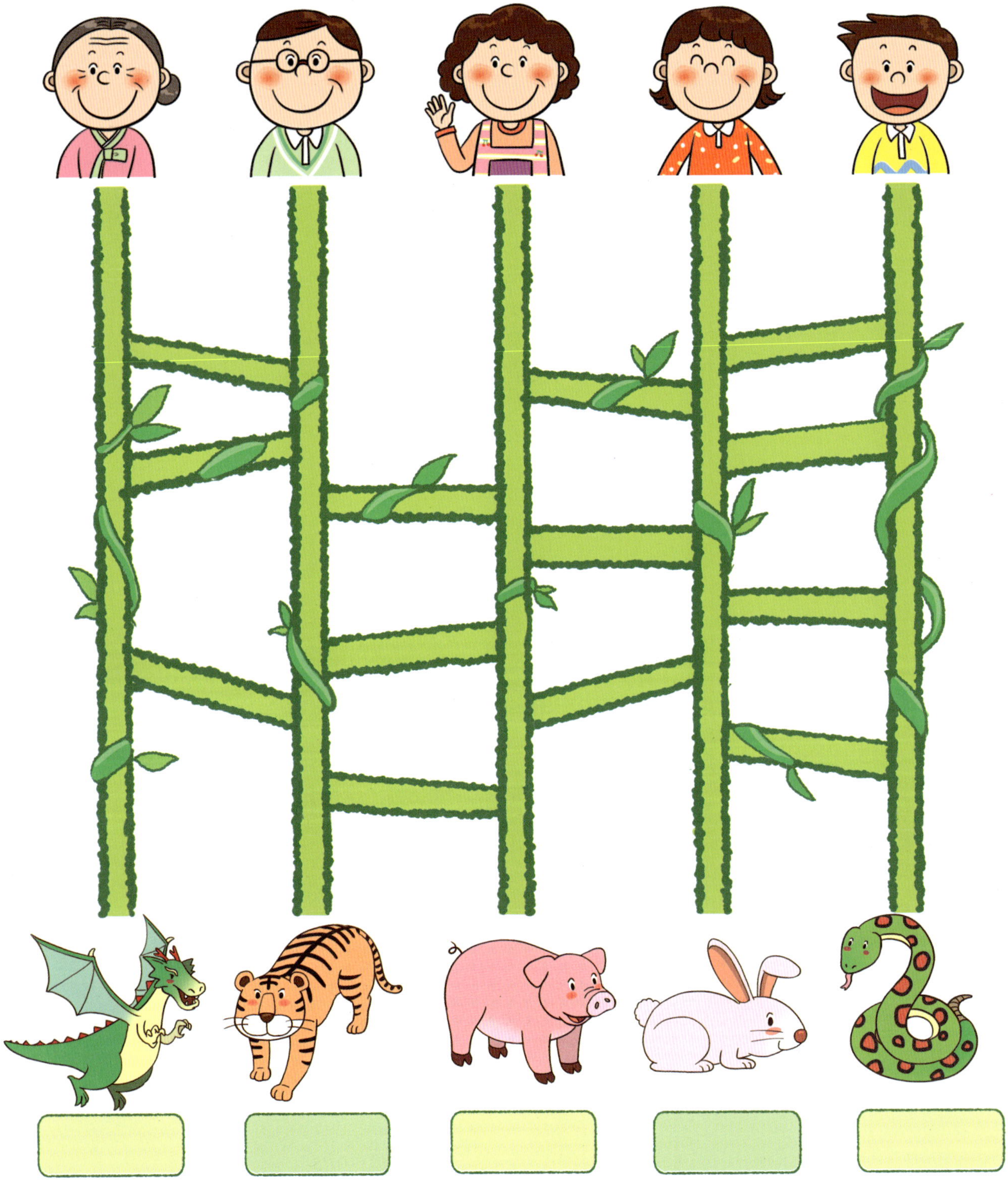

- 다음 그림을 보고 친구와 중국어로 대화해 보세요.

CD 2 - 15

1 녹음을 잘 듣고 다음 병음에 성조를 표시하세요.

① shi sui　　　② shu yang　　　③ shu ji

2 그림을 보고 보기 에서 해당하는 병음을 찾아 써 넣으세요.

보기　suì　shǔ

① 我七岁。
Wǒ qī ________.

② 我属马。
Wǒ ________ mǎ.

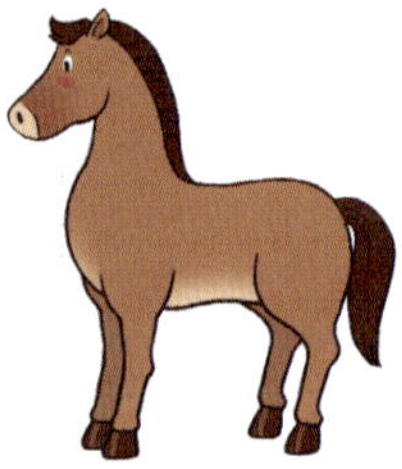

3 그림을 보고 괄호 안에 알맞은 중국어를 써 넣으세요.

A: 你属什么？
Nǐ shǔ shénme?

B: 我属(　　　　)。
Wǒ shǔ hǔ.

- 수업 중에 선생님이 하시는 말씀을 잘 듣고 기억해 두세요.

1 很重要!
Hěn zhòngyào!

2 画星星。
Huà xīngxing.

3 字下划线。
Zì xià huàxiàn.

4 做一做。
Zuò yi zuò.

彩虹真漂亮
Cǎihóng zhēn piàoliang
무지개가 정말 예뻐

CD 2 - 17

记一记
단어를 익혀요

- '어린이 중국어 붐붐 1'권에서 배웠던 단어 5개가 그림 속에 숨어있어요. 찾아서 써 보고 큰 소리로 읽어 보세요.

좋아하다	喜欢	
안 좋아하다		bù xǐhuan
색깔	颜色	
흰색		báisè
검정색	黑色	

CD 2-18

有几种颜色？

喜欢　喜欢，你喜欢什么颜色？
Xǐhuan xǐhuan,　nǐ xǐhuan shénme yánsè?

白色　白色，我喜欢白色。
Báisè báisè,　wǒ xǐhuan báisè.

不喜欢　不喜欢，不喜欢什么颜色？
Bù xǐhuan bù xǐhuan, bù xǐhuan shénme yánsè?

黑色　黑色，不喜欢黑色。
Hēisè　hēisè,　bù xǐhuan hēisè.

几种　几种，有几种颜色？
Jǐ zhǒng jǐ zhǒng, yǒu jǐ zhǒng yánsè?

七种　七种，有七种颜色。
Qī zhǒng qī zhǒng, yǒu qī zhǒng yánsè.

说一说
친구들과 대화해요
CD 2-19

你喜欢什么颜色?
Nǐ xǐhuan shénme yánsè?

我喜欢黄色。
Wǒ xǐhuan huángsè.

你们看! 彩虹!
Nǐmen kàn! Cǎihóng!

彩虹真漂亮。
Cǎihóng zhēn piàoliang.

黄色 huángsè 노란색, 황색 | 看 kàn 보다 | 彩虹 cǎihóng 무지개
真 zhēn 정말 | 漂亮 piàoliang 예쁘다

有 yǒu 있다 ｜ 几 jǐ 몇 ｜ 种 zhǒng 종, 종류 ｜ 七 qī 7, 일곱 ｜ 红(色) hóng(sè) 빨간(색) ｜
橙(色) chéng(sè) 주황(색) ｜ 绿(色) lǜ(sè) 초록(색) ｜ 青(色) qīng(sè) 파란(색) ｜
蓝(色) lán(sè) 남(색) ｜ 紫(色) zǐ(sè) 보라(색)

CD 2-20

● 다음은 운모 u 발음이에요. 정확하게 연습해 보세요.

u

wūzi
屋子

방

tùzi
兔子

토끼

zúqiú
足球

축구

1 喜欢 xǐhuan 은 '좋아하다', 不喜欢 bù xǐhuan 은 '좋아하지 않다'라는 뜻이에요.

我喜欢黄色。
Wǒ xǐhuan huángsè.

我不喜欢灰色。
Wǒ bù xǐhuan huīsè.

2 几 jǐ : '몇' 이라는 뜻으로, 수량을 물어볼 때 써요.

A: 彩虹有几种颜色?
Cǎihóng yǒu jǐ zhǒng yánsè?

B: 彩虹有七种颜色。
Cǎihóng yǒu qī zhǒng yánsè.

A: 气球有几种颜色?
Qìqiú yǒu jǐ zhǒng yánsè?

B: 气球有六种颜色。
Qìqiú yǒu liù zhǒng yánsè.

灰色 huīsè 회색 | 气球 qìqiú 풍선 | 六种 liù zhǒng 여섯 가지

🔘 CD 2-21

● 색칠한 부분에 아래의 중국어를 대입한 후, 큰 소리로 말해 보세요.

1.

A: 你喜欢什么颜色?
Nǐ xǐhuan shénme yánsè?

B: 我喜欢红色。
Wǒ xǐhuan hóngsè.

灰色 huīsè
회색

粉红色 fěnhóngsè
분홍색

豆绿色 dòulǜsè
연두색

天蓝色 tiānlánsè
하늘색

A: 气球有几种颜色？
Qìqiú yǒu jǐ zhǒng yánsè?

B: 气球有三种颜色。
Qìqiú yǒu sān zhǒng yánsè.

四种 sì zhǒng
네 가지

五种 wǔ zhǒng
다섯 가지

六种 liù zhǒng
여섯 가지

七种 qī zhǒng
일곱 가지

玩一玩

놀면서 배워요

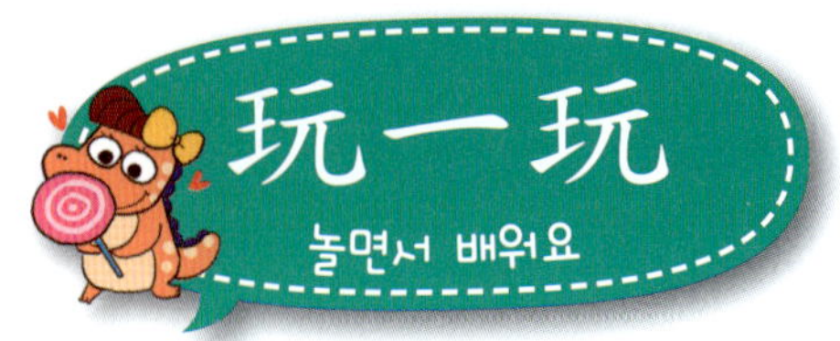

다음 두 가지 색을 섞으면 어떤 색이 나올까요? 상상해본 후 한 번 칠해보고 해당하는 색의 병음도 써 보세요.

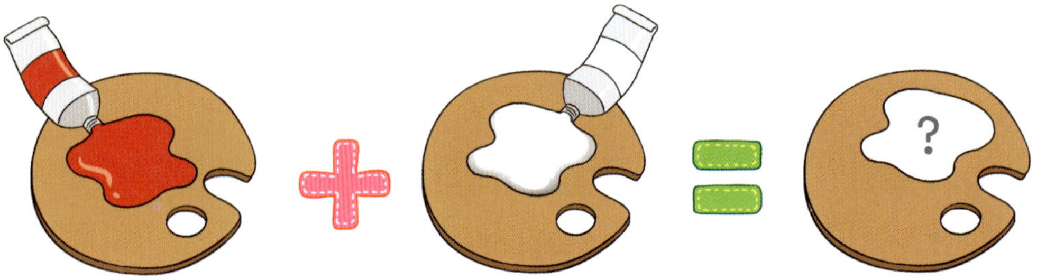

hóngsè + báisè = ______

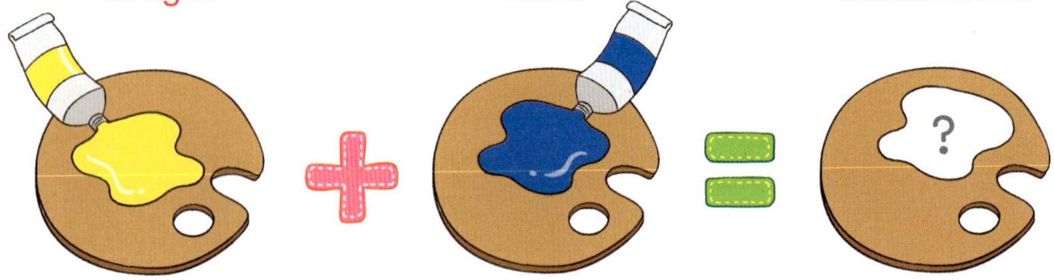

huángsè + lánsè = ______

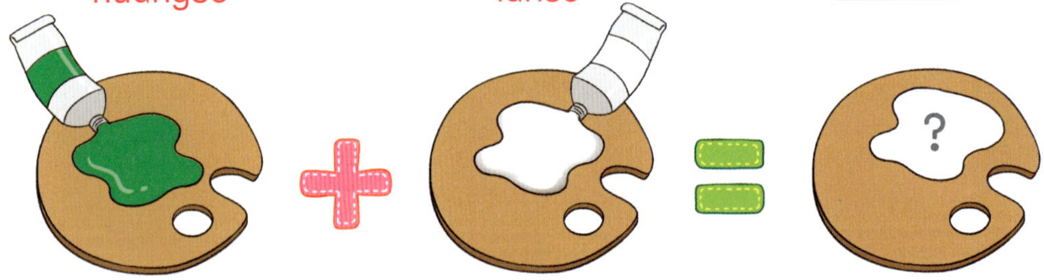

lǜsè + báisè = ______

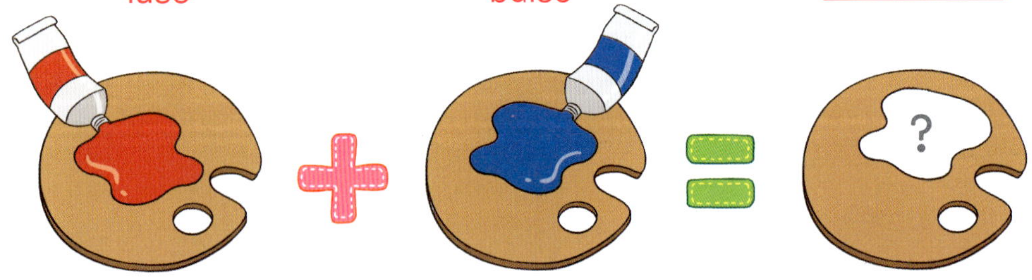

hóngsè + lánsè = ______

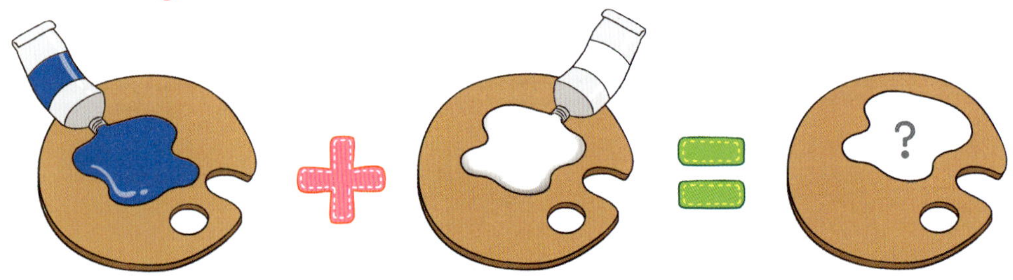

lánsè + báisè = ______

● 다음 그림을 보고 친구와 중국어로 대화를 해 보세요.

1 녹음을 잘 듣고 해당하는 그림에 ◯를 표시하세요.

2 보기 에서 해당하는 중국어를 찾아 괄호 안에 써 넣으세요.

보기　黑色　彩虹

① (　　　)有七种颜色。　② 我不喜欢(　　　)。
Cǎihóng yǒu qī zhǒng yánsè.　Wǒ bù xǐhuan hēisè.

3 다음 그림과 관련된 것끼리 연결해 보세요.

① 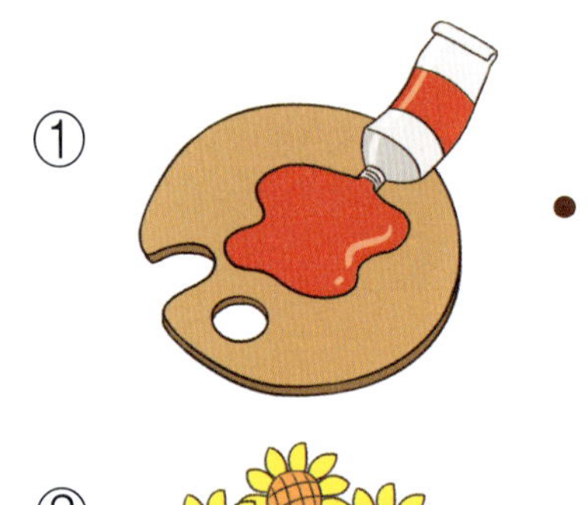

我喜欢黄色。
Wǒ xǐhuan huángsè.

② 

我喜欢红色。
Wǒ xǐhuan hóngsè.

加一加
다같이 배워요

CD 2 - 24

● 수업 중에 선생님이 하시는 말씀을 잘 듣고 기억해 두세요.

1 把书合上。
Bǎ shū héshang.

2 闭眼。
Bì yǎn.

3 今天我们学了"颜色"。
Jīntiān wǒmen xué le "yánsè".

4 不要忘记!
Búyào wàngjì!

那是熊猫

Nà shì xióngmāo

저건 판다야

- '어린이 중국어 붐붐 1'권에서 배웠던 단어 5개가 그림 속에 숨어있어요.
  찾아서 써 보고 큰 소리로 읽어 보세요.

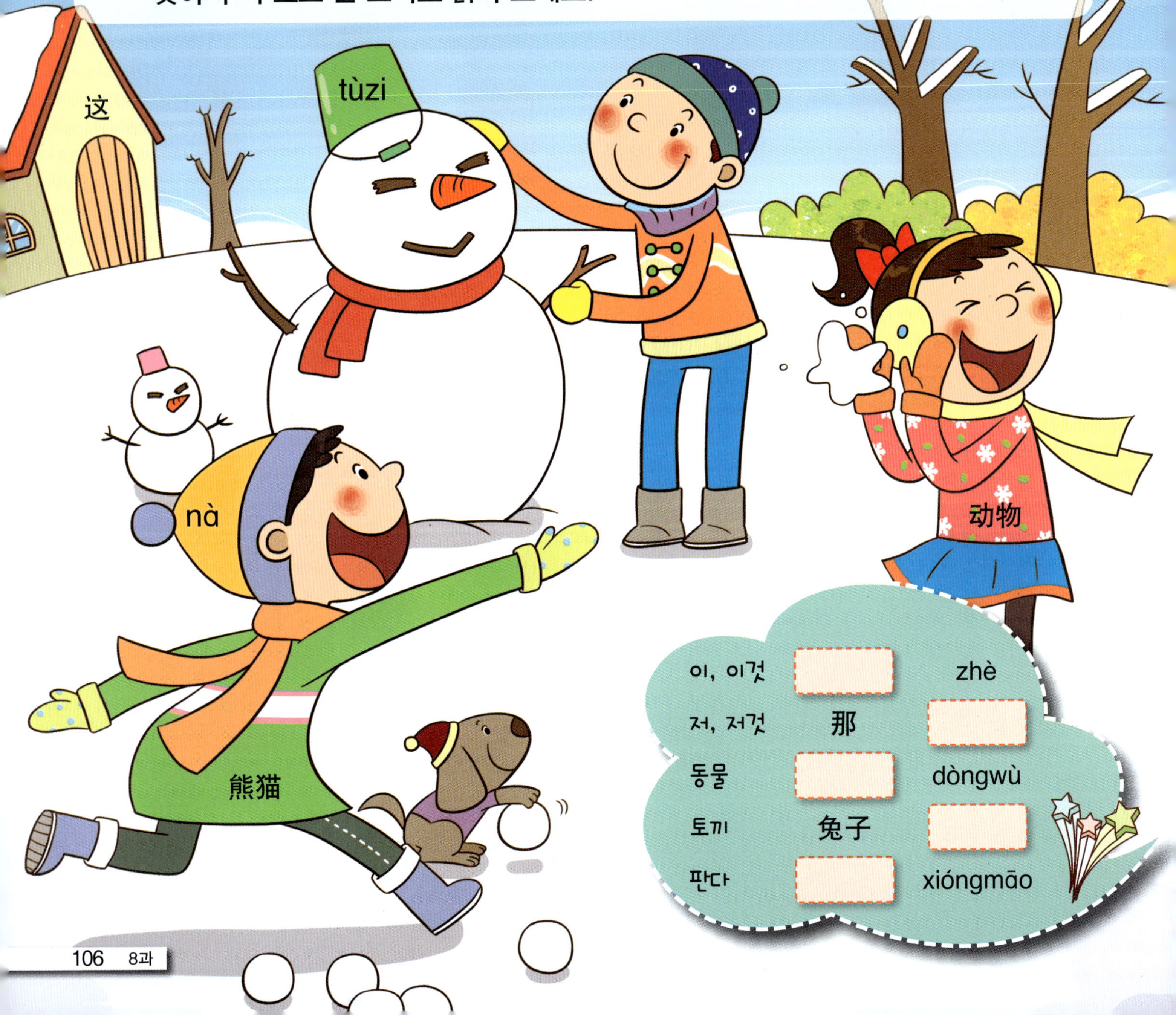

이, 이것		zhè
저, 저것	那	
동물		dòngwù
토끼	兔子	
판다		xióngmāo

那是熊猫。

什么 什么，那是什么？
Shénme shénme, nà shì shénme?

熊猫 熊猫，那是熊猫。
Xióngmāo xióngmāo, nà shì xióngmāo.

为什么 为什么，为什么不动？
Wèishénme wèishénme, wèishénme bú dòng?

睡觉 睡觉，它睡觉呢。
Shuìjiào shuìjiào, tā shuìjiào ne.

熊猫 熊猫，喜欢吃什么？
Xióngmāo xióngmāo, xǐhuan chī shénme?

竹子 竹子，喜欢吃竹子。
Zhúzi zhúzi,　　xǐhuan chī zhúzi.

说一说
친구들과 대화해요
CD 2 - 27

那是什么？
Nà shì shénme?
那是熊猫。
Nà shì xióngmāo.
真可爱。它为什么不动？
Zhēn kě'ài. Tā wèishénme bú dòng?
它睡觉呢。
Tā shuìjiào ne.
熊猫喜欢吃什么？
Xióngmāo xǐhuan chī shénme?
喜欢吃竹子。
Xǐhuan chī zhúzi.
真 zhēn 정말, 매우 | 可爱 kě'ài 귀엽다 | 它 tā 그, 그것 | 为什么 wèishénme 왜, 어째서
不动 bú dòng 움직이지 않다 | 睡觉 shuìjiào 잠자다 | 竹子 zhúzi 대나무

● 다음은 운모 **ü** 발음이에요. 정확하게 연습해 보세요.

ü

lǜsè
绿色

녹색

lǚxíng
旅行

여행가다

lǜshī
律师

변호사

lǘ
驴

당나귀

1 '이것'과 '저것'을 나타내는 표현을 배워 보아요.

这 zhè 이	那 nà 저, 그
这个 zhège 이것	那个 nàge 저것
这儿 zhèr 여기, 이곳	那儿 nàr 저기, 저곳
这边 zhèbian 이쪽	那边 nàbian 저쪽

★ 내 손에 닿으면 这 zhè / 내 손에 안 닿으면 那 nà

这不是兔子。
Zhè bú shì tùzi.

这是羊。
Zhè shì yáng.

那不是猴子。
Nà bú shì hóuzi.

那是熊猫。
Nà shì xióngmāo.

2 为什么 wèishénme : '왜' 라는 뜻으로, 이유를 물어볼 때 써요.

A: 熊猫为什么不动?
Xióngmāo wèishénme bú dòng?

B: 它睡觉呢。
Tā shuìjiào ne.

A: 你为什么总迟到?
Nǐ wèishénme zǒng chídào?

B: 我总睡懒觉。
Wǒ zǒng shuì lǎn jiào.

羊 yáng 양 ｜ 猴子 hóuzi 원숭이 ｜ 总 zǒng 항상 ｜
迟到 chídào 지각하다, 늦다 ｜ 睡懒觉 shuì lǎn jiào 늦잠 자다

步步高
실력을 키워요

CD 2 - 29

● 색칠한 부분에 아래의 중국어를 대입한 후, 큰 소리로 말해 보세요.

 1.

A: 那是什么?
Nà shì shénme?

B: 那是熊猫。
Nà shì xióngmāo.

仓鼠 cāngshǔ
햄스터

鸟 niǎo
새

鸭子 yāzi
오리

小狗 xiǎogǒu
강아지

松鼠 sōngshǔ
다람쥐

老虎 lǎohǔ

호랑이

狮子 shīzi

사자

小猫 xiǎomāo

고양이

兔子 tùzi

토끼

小鸡 xiǎojī

병아리

玩一玩

놀면서 배워요

두 팀으로 나누어 길을 따라가며 만나는 동물들의 이름을 맞춰보세요. 동물들의 이름을 가장 많이 맞춘 팀이 이기는 게임입니다.

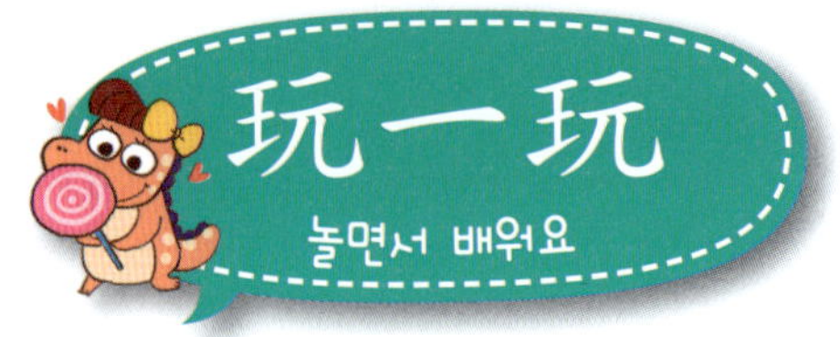

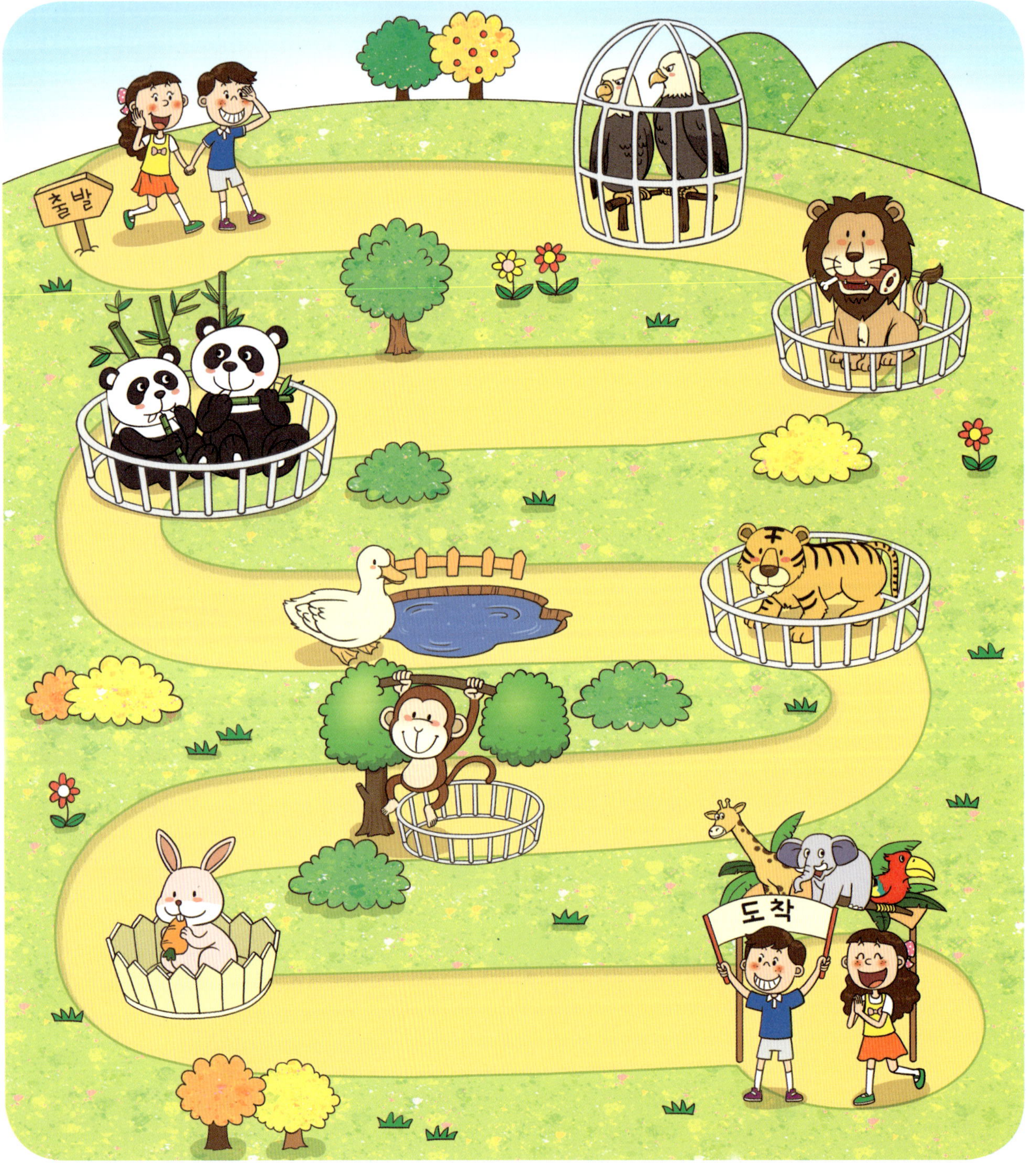

CD 2 - 30

● 다음 그림을 보고 친구와 중국어로 대화해 보세요.

CD 2 - 31

1 녹음을 잘 듣고 다음 병음에 성조를 표시하세요.

① bu dong

② xiaogou

③ weishenme

2 그림을 보고 [보기] 에서 알맞은 병음을 찾아 써 넣으세요.

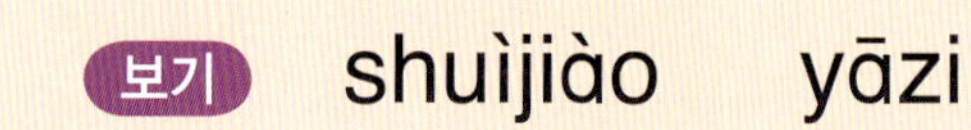

① 

熊猫睡觉呢。
Xióngmāo __________ ne.

② 

这是鸭子 。
Zhè shì __________ .

3 그림을 보고 괄호 안에 알맞은 중국어를 써 넣으세요.

A: 熊猫喜欢吃什么？
Xióngmāo xǐhuan chī shénme?

B: 喜欢吃( )。
Xǐhuan chī zhúzi.

● 수업 중에 선생님이 하시는 말씀을 잘 듣고 기억해 두세요.

1 下课了。今天到这儿。
Xiàkè le.　　Jīntiān dào zhèr.

2 有同学要提问吗?
Yǒu tóngxué yào tíwèn ma?

3 作业一定要做好。
Zuòyè yídìng　yào zuòhǎo.

4 老师, 辛苦了!
Lǎoshī,　xīnkǔ le!

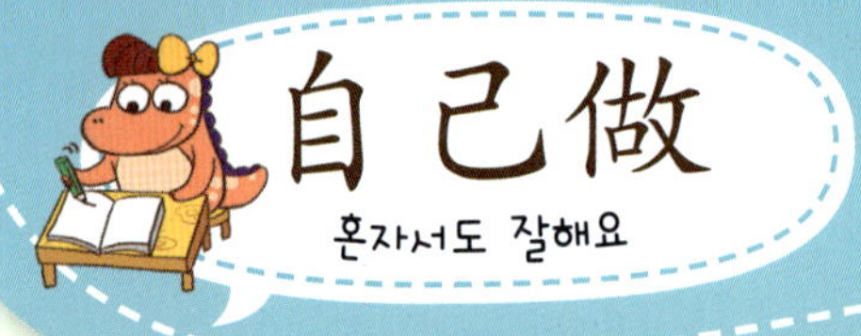

● 앞에서 배운 내용을 한 번 정리해 보아요. CD 2 - 33

什么	shénme	'무엇'이라는 뜻으로, '직업'을 물어볼 때 써요.
什么	shénme	'무엇'이라는 뜻으로, '띠'를 물어볼 때 써요.
几	jǐ	'몇'이라는 뜻으로, 10 이하의 '숫자'를 물어볼 때 써요.
为什么	wèishénme	'왜'라는 뜻으로, '이유'를 물어볼 때 써요.

1 다음 빈칸을 채워 보세요. CD 2 - 34

2 빈칸에 알맞은 중국어를 보기에서 골라 써 넣으세요.

보기 记者   狗   熊猫
彩虹   鸟   姐姐

 각 형광펜에 들어갈 수 있는 단어를 찾아 동일한 색으로 칠해 보고, 친구와
대화해 보세요.

① A: 你爸爸做什么工作？
Nǐ bàba zuò shénme gōngzuò?

B: 我爸爸是大夫。
Wǒ bàba shì dàifu.

② A: 你属什么？
Nǐ shǔ shénme?

B: 我属虎。
Wǒ shǔ hǔ.

③ A: 彩虹有几种颜色？
Cǎihóng yǒu jǐ zhǒng yánsè?

B: 有七种。
Yǒu qī zhǒng.

④ A: 那是什么？
Nà shì shénme?

B: 那是熊猫。
Nà shì xióngmāo.

무엇 무엇 몇 왜?

什么 무엇? 爸爸做什么工作?
Shénme 무엇? Bàba zuò shénme gōngzuò?

什么 무엇? 属什么 属什么?
Shénme 무엇? Shǔ shénme shǔ shénme?

几 몇? 有几种颜色?
Jǐ 몇? Yǒu jǐ zhǒng yánsè?

为什么 왜? 为什么不动?
Wèishénme 왜? Wèishénme bú dòng?

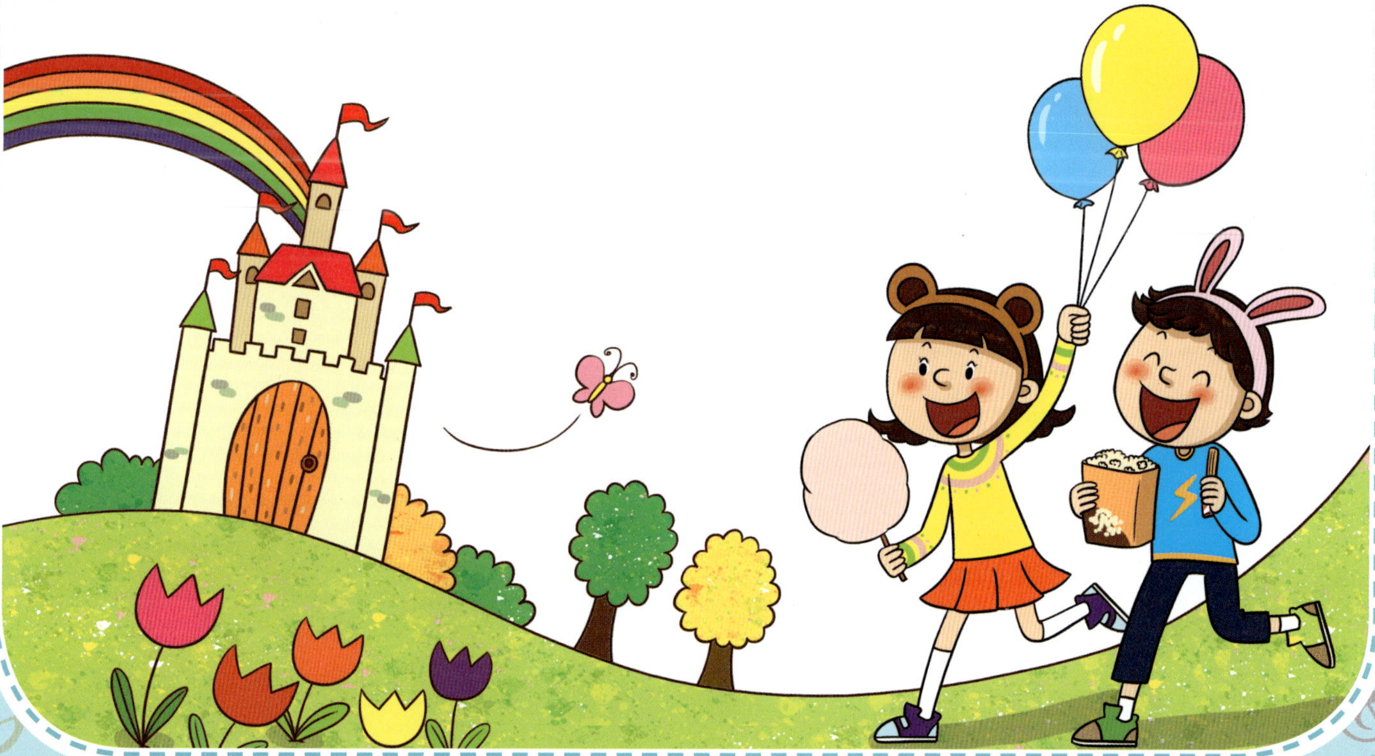

너희 아빠는 무슨 일을 하시니?
我爸爸是大夫。
Wǒ bàba shì dàifu.

你属什么?
Nǐ shǔ shénme?
나는 호랑이 띠야.

那是彩虹。
Nà shì cǎihóng.
무지개가 정말 예쁘다.

왜 움직이지 않아?
那是蛇。
Nà shì shé.
它睡觉呢。
Tā shuìjiào ne.

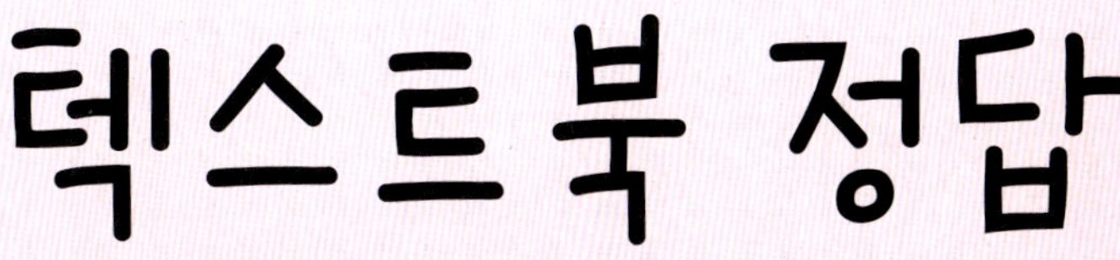

텍스트북 정답

1과 16p
第一课
他是谁?
Tā shì shéi?
그는 누구니?
CD 1 - 03
记一记
단어를 익혀요
'어린이 중국어 붐붐 1'권에서 배웠던 단어 5개가 그림 속에 숨어있어요.
찾아서 써 보고 큰 소리로 읽어 보세요.
nín
好
朋友
lǎoshī
dàjiā
당신　您　nín
좋다　好　hǎo
여러분　大家　dàjiā
친구　朋友　péngyou
선생님　老师　lǎoshī
16　1과

1과 20p
念一念
정확히 발음해요
CD 1 - 06
중국어의 운모를 정확히 발음해 보세요.
a
o
e
i
u
ü
임을 크게 아~
(어)오이 마시자로 애벌리자요.
(으)어린이 여러분 안녕?
이를 닦아요.
섹시하게 우~
위로 올라가요.
위의 운모들을 큰 소리로 읽으면서 순서대로 연결해 보세요. 무슨 모양이 나오나요?
20　1과

1과 25p
讲一讲
이야기로 배워요
CD 1 - 08
다음 그림을 보고 친구와 중국어로 대화해 보세요.
我是明明。
Wǒ shì Míngming.
你是谁?
Nǐ shì shéi?
见到你我也很高兴!
Jiàndào nǐ wǒ yě hěn gāoxìng!
见到你很高兴!
Jiàndào nǐ hěn gāoxìng!
그는 누구니? 25

1과 26p
练一练
문제를 풀어요
CD 1 - 09
1 녹음을 잘 듣고 해당하는 그림에 ○를 표시하세요.
2 다음 괄호 안에 알맞은 한자를 쓰고 읽어 보세요.
① 我 나 - (我们) 우리　② (你) 너 - 你们 너희
wǒ　wǒmen　　nǐ　nǐmen
3 다음 그림과 관련된 문장을 연결해 보세요.
①
②
老师好!
Lǎoshī hǎo!
她是琳达。
Tā shì Líndá.
26　1과

2과 28p
第二课
你什么时候回家?
Nǐ shénme shíhou huíjiā?
너는 언제 집에 가니?
CD 1 - 11
记一记
단어를 익혀요
'어린이 중국어 붐붐 1'권에서 배웠던 단어 5개가 그림 속에 숨어있어요.
찾아서 써 보고 큰 소리로 읽어 보세요.
qǐng
坐
jìn
bú kèqi
谢谢
~하세요   请   qǐng
앉다   坐   zuò
들어오다   进   jìn
고맙다   谢谢   xièxie
천만에   不客气 bú kèqi
28   2과

2과 36p
玩一玩
놀면서 배워요
길을 따라가면서 친구들이 몇 시에 학교에 가는지 알아보고, 중국어로 말해 보세요.
八点
八点半 / 八点三十分
九点
十点半 / 十点三十分
36   2과

讲一讲
이야기로 배워요
CD 1 - 16
다음 그림을 보고 친구와 중국어로 대화해 보세요.
对不起。
Duìbuqǐ.
没关系。
Méi guānxi.
谢谢!
Xièxie!
不客气。
Bú kèqi.
너는 언제 집에 가니?   37

2과 38p
练一练
문제를 풀어요
CD 1 - 17
1 녹음을 잘 듣고 다음 병음에 성조를 표시하세요.
① shihou   ② xuexiao   ③ bu keqi
2 그림을 보고 보기 에서 해당하는 병음을 찾아 써 넣으세요.
보기 kàn bàn
① 请看。
Qǐng kàn .
② 下午七点半回家。
Xiàwǔ qī diǎn bàn huíjiā.
3 그림을 보고 괄호 안에 알맞은 중국어를 써 넣으세요.
A: 你什么时候去学校?
Nǐ shénme shíhou qù xuéxiào?
B: (八点)去学校。
Bā diǎn qù xuéxiào.
38   2과

3과 40p
CD 1-19
第三课 超市在什么地方?
Chāoshì zài shénme dìfang?
슈퍼마켓은 어디에 있니?
记一记 단어를 익혀요
'어린이 중국어 붐붐 1'권에서 배웠던 단어 4개가 그림 속에 숨어있어요.
찾아서 써 보고 큰 소리로 읽어 보세요.
叫
ne
7
shénme
~라고 부르다 叫 jiào
무엇 什么 shénme
이름 名字 míngzi
~는요? 呢 ne
40 3과

3과 48p
玩一玩 놀면서 배워요
그림을 보고 선생님의 물음에 "在这儿." 또는 "在那儿."을 외쳐보세요.
______在什么地方? zài shénme dìfang?
在这儿. / 在那儿. Zài zhèr. / Zài nàr.
邮局 Yóujú
银行 yínháng
○○超市
超市 chāoshì
医院 yīyuàn
图书馆 túshūguǎn
公园 gōngyuán
在这儿. 은 몇 곳인가요? 1 곳 / 在那儿. 은 몇 곳인가요? 5 곳
48 3과

3과 49p
讲一讲 이야기로 배워요
CD 1-24
다음 그림을 보고 친구와 중국어로 대화해 보세요.
我叫哈里. Wǒ jiào Hālǐ.
你叫什么名字? Nǐ jiào shénme míngzi?
在那儿. Zài nàr.
超市在什么地方? Chāoshì zài shénme dìfang?
슈퍼마켓은 어디에 있니? 49

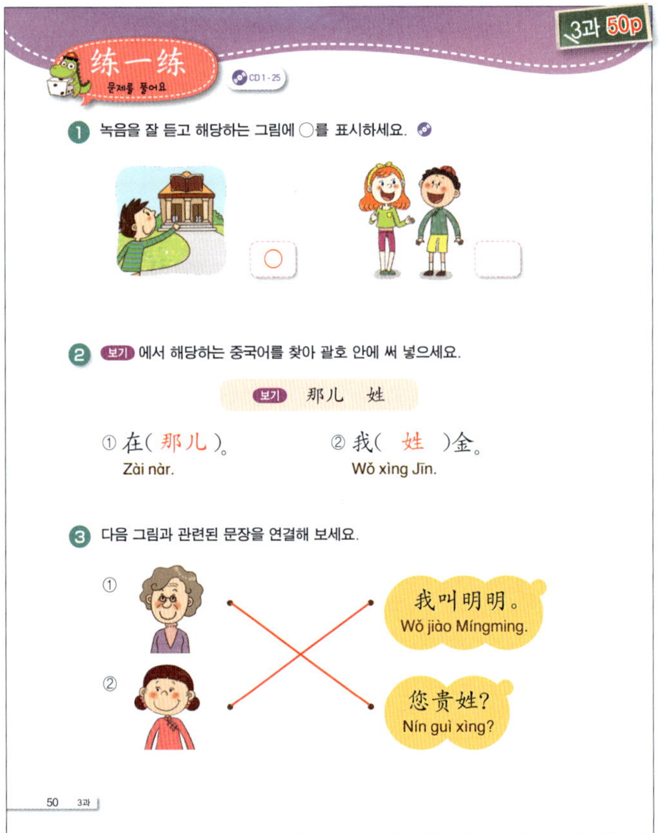
3과 50p
练一练 문제를 풀어요
CD 1-25
1 녹음을 잘 듣고 해당하는 그림에 ○를 표시하세요.
2 보기 에서 해당하는 중국어를 찾아 괄호 안에 써 넣으세요.
보기 那儿 姓
① 在(那儿). Zài nàr.
② 我(姓)金. Wǒ xìng Jīn.
3 다음 그림과 관련된 문장을 연결해 보세요.
①
②
我叫明明. Wǒ jiào Míngming.
您贵姓? Nín guì xìng?
50 3과

4과 52p
第四课
你从哪儿来?
Nǐ cóng nǎr lái?
너는 어디서 왔니?
CD 1-27
记一记
단어를 익혀요
'어린이 중국어 붐붐 1'권에서 배웠던 단어 5개가 그림 속에 숨어있어요.
찾아서 써 보고 큰 소리로 읽어 보세요.
中国
Rìběn
shì
Hánguó
不是
~이다　是　shì
~이 아니다　不是　bú shì
한국　韩国　Hánguó
중국　中国　Zhōngguó
일본　日本　Rìběn
52　4과

4과 61p
讲一讲
이야기로 배워요
CD 1-32
다음 그림을 보고 친구와 중국어로 대화해 보세요.
你是哪国人?
Nǐ shì nǎ guó rén?
我是法国人。
Wǒ shì Fǎguórén.
我从巴黎来。
Wǒ cóng Bālí lái.
我从巴黎来?
Nǐ cóng nǎr lái?
너는 어디서 왔니? 61

4과 62p
练一练
문제를 풀어요
CD 1-33
1 녹음을 잘 듣고 다음 병음에 성조를 표시하세요.
① Shou'er
② Riben
③ Meiguo
2 그림을 보고 보기 에서 해당하는 병음을 찾아 써 넣으세요.
보기　Yīngguó　Běijīng
① 我是英国人。
Wǒ shì Yīngguó rén.
② 我从北京来。
Wǒ cóng Běijīng lái.
3 그림을 보고 괄호 안에 알맞은 중국어를 써 넣으세요.
A: 你从哪儿来?
Nǐ cóng nǎr lái?
B: 我从(美国)来。
Wǒ cóng Měiguó lái.
62　4과

64p
1-4과 복습
CD 1-35-38
自己做
혼자서도 잘해요
앞에서 배운 내용을 한 번 정리해 보아요. CD 1-35
谁　shéi　'누구'라는 뜻으로, '사람'을 물어볼 때 써요.
什么时候　shénme shíhou　'언제'라는 뜻으로, '때'를 물어볼 때 써요.
什么地方　shénme difang　'어디'라는 뜻으로, '장소'를 물어볼 때 써요.
哪儿　nǎr　'어디'라는 뜻으로, '장소'를 물어볼 때 써요.
1 다음 빈칸을 채워 보세요. CD 1-36
누구　shéi　谁
언제　shénme shíhou　什么时候
어디　shénme difang　什么地方
어디　nǎr　哪儿
64　1~4과 복습

❷ 빈칸에 알맞은 중국어를 보기에서 골라 써 넣으세요.

보기
对不起　　美国　　同学
韩国　　中国人　　吃

---

❸ 각 형광펜에 들어갈 수 있는 단어를 찾아 동일한 색으로 칠해 보고, 친구와 대화해 보세요.

① A: 他是谁?　　　　　　　　　B: 他是民俊。
　　Tā shì shéi?　　　　　　　　　Tā shì Mínjùn.

② A: 你什么时候回家?　　　　　B: 我八点回家。
　　Nǐ shénme shíhou huíjiā?　　　Wǒ bā diǎn huíjiā.

③ A: 银行在什么地方?　　　　　B: 在那儿。
　　Yínháng zài shénme dìfang?　　Zài nàr.

④ A: 你从哪儿来?　　　　　　　B: 我从美国来。
　　Nǐ cóng nǎr lái?　　　　　　　Wǒ cóng Měiguó lái.

---

❺ 그림을 보고 친구와 중국어로 대화해 보세요. CD 1-38

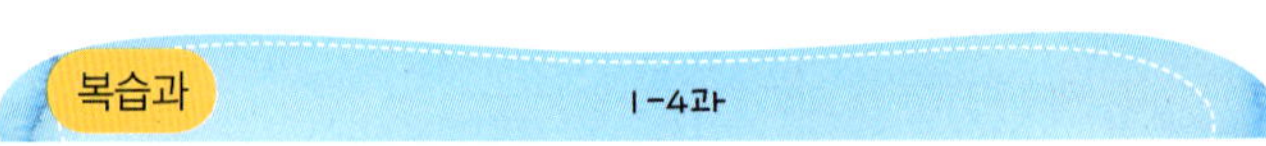

등장인물

130　정답

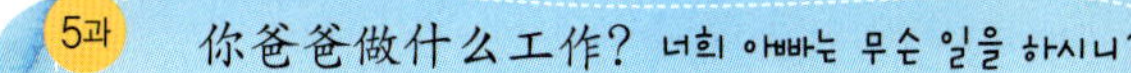

5과 70p
第五课 你爸爸做什么工作?
Nǐ bàba zuò shénme gōngzuò?
너희 아빠는 무슨 일을 하시니?
CD 2 - 01
记一记
단어를 익혀요
● '어린이 중국어 붐붐 1'권에서 배웠던 단어 5개가 그림 속에 숨어있어요.
찾아서 써 보고 큰 소리로 읽어 보세요.
奶奶
妹妹
bàba
dìdi
姐姐
할머니 奶奶 nǎinai
아빠 爸爸 bàba
누나, 언니 姐姐 jiějie
남동생 弟弟 dìdi
여동생 妹妹 mèimei
70 5과

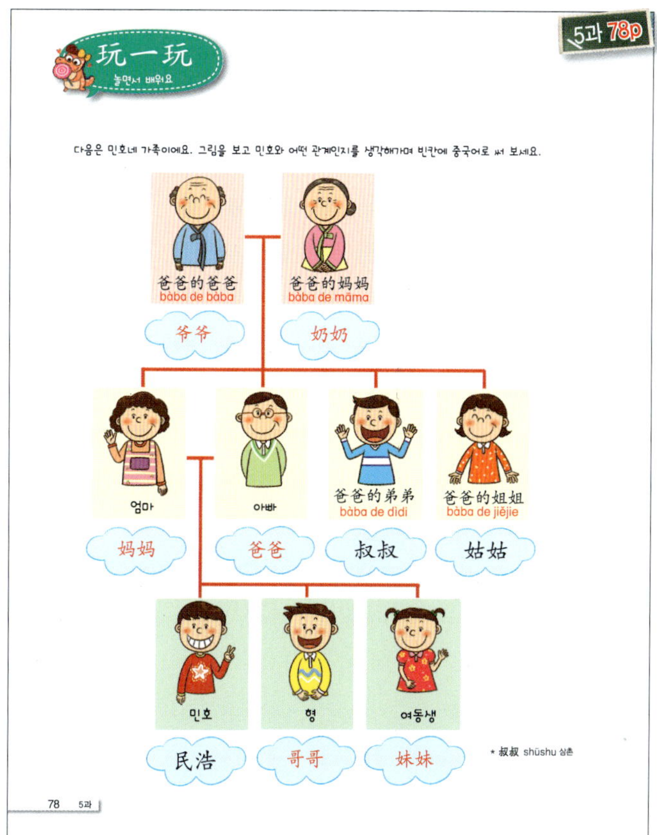

5과 78p
玩一玩
놀면서 배워요
다음은 민호네 가족이에요. 그림을 보고 민호와 어떤 관계인지를 생각해가며 빈칸에 중국어로 써 보세요.
爸爸的爸爸 bàba de bàba
爸爸的妈妈 bàba de māma
爷爷
奶奶
엄마
아빠
爸爸的弟弟 bàba de dìdi
爸爸的姐姐 bàba de jiějie
妈妈
爸爸
叔叔
姑姑
민호
형
여동생
民浩
哥哥
妹妹
* 叔叔 shūshu 삼촌
78 5과

5과 79p
讲一讲
이야기로 배워요
CD 2 - 06
● 다음 그림을 보고 친구와 중국어로 대화해 보세요.
她是我妈妈。
Tā shì wǒ māma.
她是谁?
Tā shì shéi?
我妈妈是护士。
Wǒ māma shì hùshi.
你妈妈做什么工作?
Nǐ māma zuò shénme gōngzuò?
너희 아빠는 무슨 일을 하시니? 79

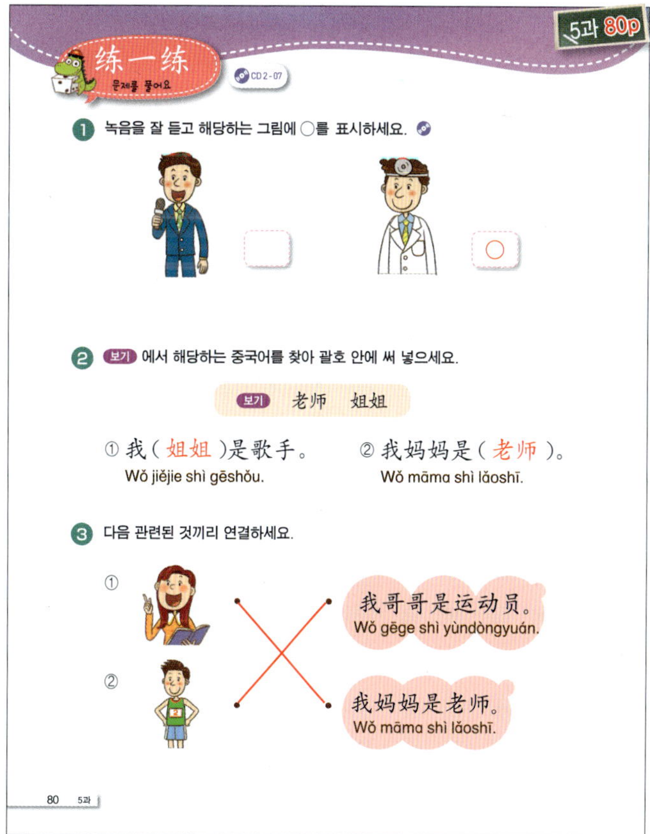

5과 80p
练一练
문제를 풀어요
CD 2 - 07
1 녹음을 잘 듣고 해당하는 그림에 ○를 표시하세요.
○
2 보기 에서 해당하는 중국어를 찾아 괄호 안에 써 넣으세요.
보기 老师 姐姐
① 我(姐姐)是歌手。
Wǒ jiějie shì gēshǒu.
② 我妈妈是(老师)。
Wǒ māma shì lǎoshī.
3 다음 관련된 것끼리 연결하세요.
①
②
我哥哥是运动员。
Wǒ gēge shì yùndòngyuán.
我妈妈是老师。
Wǒ māma shì lǎoshī.
80 5과

6과 82p
第六课
你属什么?
Nǐ shǔ shénme?
너는 무슨 띠니?
CD 2 - 09
记一记
단어를 익혀요
'어린이 중국어 붐붐 1'권에서 배웠던 단어 5개가 그림 속에 숨어있어요.
찾아서 써 보고 큰 소리로 읽어 보세요.
liù
八
jǐ
jiǔ
몇(나이)　几　jǐ
살, 세　岁　suì
6, 여섯　六　liù
8, 여덟　八　bā
9, 아홉　九　jiǔ
82　6과

6과 90p
玩一玩
놀면서 배워요
사다리를 타고 가면 식구들의 띠를 알 수 있습니다. 빈칸에 식구들의 띠를 병음으로 써보고 큰 소리로 말해 보세요.
shǔ lóng　shǔ hǔ　shǔ zhū　shǔ tù　shǔ shé
90　6과

6과 91p
讲一讲
이야기를 배워요
CD 2 - 14
다음 그림을 보고 친구와 중국어로 대화해 보세요.
你几岁?
Nǐ jǐ suì?
我八岁
Wǒ bā suì.
你属什么?
Nǐ shǔ shénme?
我属兔.
Wǒ shǔ tù.
너는 무슨 띠니? 91

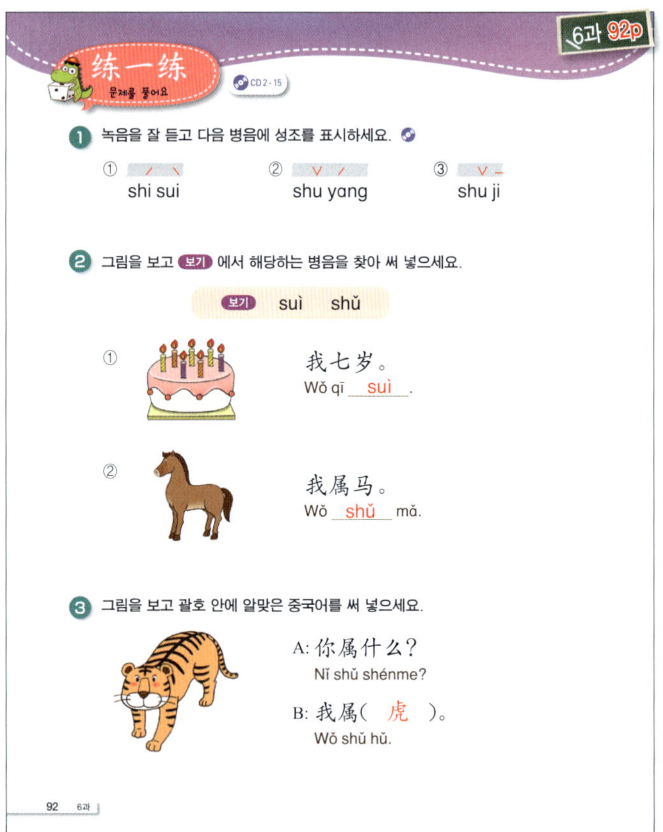
6과 92p
练一练
문제를 풀어요
CD 2 - 15
1 녹음을 잘 듣고 다음 병음에 성조를 표시하세요.
① shi sui　② shu yang　③ shu ji
2 그림을 보고 보기 에서 해당하는 병음을 찾아 써 넣으세요.
보기 suì　shǔ
① 我七岁。
Wǒ qī suì.
② 我属马。
Wǒ shǔ mǎ.
3 그림을 보고 괄호 안에 알맞은 중국어를 써 넣으세요.
A: 你属什么?
Nǐ shǔ shénme?
B: 我属(虎)。
Wǒ shǔ hǔ.
92　6과

7과 94p
第七课
彩虹真漂亮
Cǎihóng zhēn piàoliang
무지개가 정말 예뻐
CD 2 - 17
记一记
단어를 익혀요
'어린이 중국어 붐붐 1'권에서 배웠던 단어 5개가 그림 속에 숨어있어요.
찾아서 써 보고 큰 소리로 읽어 보세요.
hēisè
白色
不喜欢
yánsè
xǐhuan
좋아하다　喜欢　xǐhuan
안 좋아하다　不喜欢　bù xǐhuan
색깔　颜色　yánsè
흰색　白色　báisè
검정색　黑色　hēisè
94　7과

7과 102p
玩一玩
놀면서 배워요
다음 두 가지 색을 섞으면 어떤 색이 나올까요? 상상해본 후 한 번 칠해보고 해당하는 색의 병음도 써 보세요.
hóngsè　+　báisè　=　fěnhóngsè
huángsè　+　lánsè　=　lǜsè
lǜsè　+　báisè　=　dòulǜsè
hóngsè　+　lánsè　=　zǐsè
lánsè　+　báisè　=　tiānlánsè
102　7과

7과 103p
讲一讲
CD 2 - 22
이야기로 배워요
다음 그림을 보고 친구와 중국어로 대화를 해 보세요.
彩虹有几种颜色?
Cǎihóng yǒu jǐ zhǒng yánsè?
有七种。
Yǒu qī zhǒng.
你喜欢什么颜色?
Nǐ xǐhuan shénme yánsè?
我喜欢红色。
Wǒ xǐhuan hóngsè.
무지개가 정말 예뻐 103

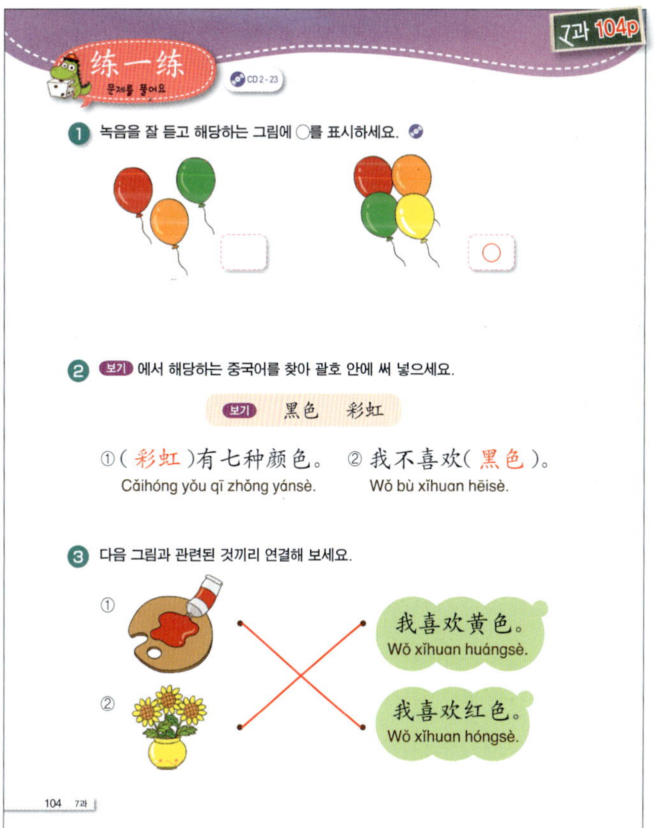
7과 104p
练一练
CD 2 - 23
문제를 풀어요
❶ 녹음을 잘 듣고 해당하는 그림에 ○를 표시하세요.
❷ 보기 에서 해당하는 중국어를 찾아 괄호 안에 써 넣으세요.
보기　黑色　彩虹
① (彩虹)有七种颜色。
Cǎihóng yǒu qī zhǒng yánsè.
② 我不喜欢(黑色)。
Wǒ bù xǐhuan hēisè.
❸ 다음 그림과 관련된 것끼리 연결해 보세요.
①
②
我喜欢黄色。
Wǒ xǐhuan huángsè.
我喜欢红色。
Wǒ xǐhuan hóngsè.
104　7과

第八课
那是熊猫
Nà shì xióngmāo
저건 판다야
CD 2 - 25
8과 106p
记一记
단어를 익혀요
'어린이 중국어 붐붐 1'권에서 배웠던 단어 5개가 그림 속에 숨어있어요.
찾아서 써 보고 큰 소리로 읽어 보세요.
这
tùzi
nà
动物
熊猫
이, 이것　这　zhè
저, 저것　那　nà
동물　动物　dòngwù
토끼　兔子　tùzi
판다　熊猫　xióngmāo
106　8과

讲一讲
이야기로 배워요
CD 2 - 30
8과 115p
다음 그림을 보고 친구와 중국어로 대화해 보세요.
那是什么?
Nà shì shénme?
那是熊猫。
Nà shì xióngmāo.
熊猫喜欢吃什么?
Xióngmāo xǐhuan chī shénme?
喜欢吃竹子。
Xǐhuan chī zhúzi.
저건 판다야　115

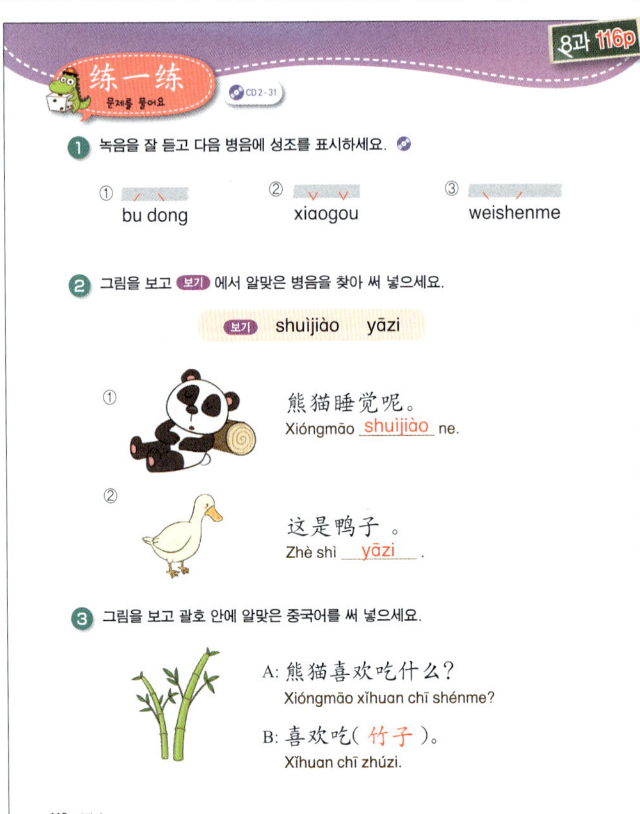
练一练
문제를 풀어요
CD 2 - 31
8과 116p
녹음을 잘 듣고 다음 병음에 성조를 표시하세요.
① bu dong
② xiaogou
③ weishenme
그림을 보고 보기 에서 알맞은 병음을 찾아 써 넣으세요.
보기　shuìjiào　yāzi
① 熊猫睡觉呢。
Xióngmāo shuìjiào ne.
② 这是鸭子。
Zhè shì yāzi.
그림을 보고 괄호 안에 알맞은 중국어를 써 넣으세요.
A: 熊猫喜欢吃什么?
Xióngmāo xǐhuan chī shénme?
B: 喜欢吃(竹子)。
Xǐhuan chī zhúzi.
116　8과

5-8과 복습
CD 2 - 33~36
118p
自己做
혼자서도 잘해요
앞에서 배운 내용을 한 번 정리해 보아요.　CD 2 - 33
什么　shénme　'무엇'이라는 뜻으로, '직업'을 물어볼 때 써요.
什么　shénme　'무엇'이라는 뜻으로, '띠'를 물어볼 때 써요.
几　jǐ　'몇'이라는 뜻으로, 10 이하의 '숫자'를 물어볼 때 써요.
为什么　wèishénme　'왜'라는 뜻으로, '이유'를 물어볼 때 써요.
다음 빈칸을 채워 보세요.　CD 2 - 34
무엇　shénme　什么
몇　jǐ　几
몇 인가　duō dà　多大　12
왜　weishénme　为什么　?
118　5~8과 복습

134 정답

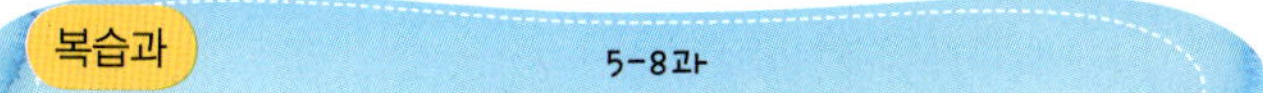

❷ 빈칸에 알맞은 중국어를 보기에서 골라 써 넣으세요.

보기　记者　　狗　　　熊猫
　　　彩虹　　鸟　　　姐姐

❸ 각 형광펜에 들어갈 수 있는 단어를 찾아 동일한 색으로 칠해 보고, 친구와 대화해 보세요.

① A: 你爸爸做什么工作?　　　B: 我爸爸是 大夫。
　　 Nǐ bàba zuò shénme gōngzuò?　　 Wǒ bàba shì dàifu.

② A: 你属什么?　　　　　　　 B: 我属 虎。
　　 Nǐ shǔ shénme?　　　　　　 Wǒ shǔ hǔ.

③ A: 彩虹有几种颜色?　　　　 B: 有七种。
　　 Cǎihóng yǒu jǐ zhǒng yánsè?　 Yǒu qī zhǒng.

④ A: 那是什么?　　　　　　　 B: 那是 熊猫。
　　 Nà shì shénme?　　　　　　 Nà shì xióngmāo.

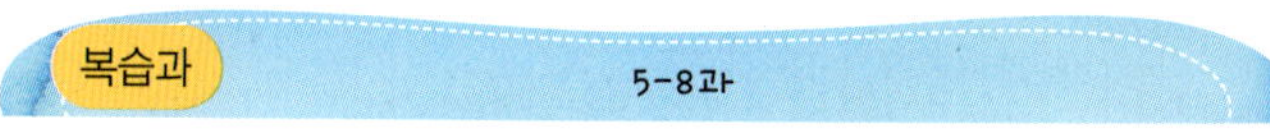

❺ 그림을 보고 친구와 중국어로 대화해 보세요.　CD 2 - 36

등장인물

텍스트북 해석

1과 他是谁? 그는 누구니?

他是谁?
그는 누구니?

你好 你好, 你好!
안녕 안녕! 안녕!

你好 你好, 大家好!
안녕 안녕, 여러분 안녕!

您好 您好, 老师好!
안녕하세요 안녕하세요, 선생님 안녕하세요!

是谁 是谁, 他是谁?
누구니 누구니, 그는 누구니?

民俊 民俊, 他是民俊。
민준 민준, 그는 민준이야.

见到你很高兴, 见到你很高兴!
만나서 반가워, 만나서 반가워!

你好吗?
똥똥) 잘 지냈니?

我很好。 他是谁?
밍밍) 나는 잘 지내. 그는 누구니?

他是民俊。
똥똥) 그는 민준이야.

你好! 我是民俊。 见到你很高兴!
민준) 안녕? 나는 민준이야. 만나서 반가워!

见到你我也很高兴!
밍밍) 나도 만나서 반가워!

너는 누구니?

나는 밍밍이라고 해.

만나서 반가워!

나도 만나서 반가워!

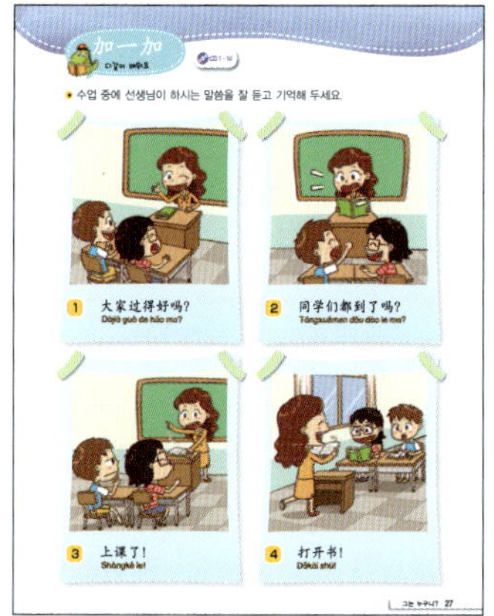

1. 잘 지냈어요?
2. 모두 왔죠?
3. 수업을 시작해요!
4. 책을 펴세요!

2과 你什么时候回家? 너는 언제 집에 가니?

[챈트] 29p

什么时候回家?
언제 집에 가?

谢谢 谢谢! 不客气 不客气!
고마워 고마워! 천만에 천만에!

对不起 对不起! 没关系 没关系!
미안해 미안해! 괜찮아 괜찮아!

什么时候 什么时候，回家 回家?
언제 언제, 집에 가 집에 가?

七点 七点，回家 回家。
7시 7시, 집에 가 집에 가.

[본문] 30–31p

请坐。
민준) 좀 앉아.

谢谢!
밍밍) 고마워!

不客气!
민준) 천만에!

你什么时候回家?
똥똥) 너는 언제 집에 가니?

七点回家。
밍밍) 7시에 집에 가.

我们一起走吧!
똥똥) 우리 같이 가자!

미안해.

괜찮아.

고 마워!

천만에.

1 지난 시간에 우리가 무엇을 배웠지요?

2 오늘 우리는 "고맙습니다"에 대해 배울 거예요.

3 자, 칠판을 보세요.

4 다 같이 읽어요.

3과 超市在什么地方? 슈퍼마켓은 어디에 있니?

超市在什么地方?
슈퍼마켓은 어디에 있니?

名字 名字, 你叫什么名字?
이름 이름, 너는 이름이 뭐니?

明明 明明, 我叫明明。
밍밍 밍밍, 저는 밍밍이라고 해요.

姓 姓, 你姓什么?
성씨 성씨, 너는 성씨가 뭐니?

王 王, 我姓王。
왕 왕, 저는 왕가예요.

什么地方 什么地方, 超市在什么地方?
어디 어디, 슈퍼마켓은 어디에 있니?

那儿 那儿, 超市在那儿。
저기 저기, 슈퍼마켓은 저기에 있어요.

[본문] 42-43p

你叫什么名字?
똥똥) 너는 이름이 뭐니?

我叫琳达，你呢?
린다) 나는 린다라고 해, 너는?

我叫东东。
똥똥) 나는 똥똥이야.

超市在什么地方?
린다) 슈퍼마켓은 어디에 있니?

在那儿。
민준) 저기에 있어.

谢谢!
린다) 고마워!

[이야기] 49p

너는 이름이 뭐니?

저는 할리라고 해요.

슈퍼마켓은 어디에 있니?

저기에 있어요.

[교실용어] 51p

1 이해했나요?

2 어렵나요?

3 할 수 있는 사람 손들어 보세요!

4 다 했어요!

4과 你从哪儿来? 너는 어디서 왔니?

[챈트] 53p

你从哪儿来?
너는 어디서 왔니?

哪国人 哪国人, 你是哪国人?
어느 나라 사람 어느 나라 사람, 너는 어느 나라 사람이니?

韩国人 韩国人, 我是韩国人。
한국사람 한국사람, 저는 한국사람이에요.

日本人 日本人, 不是日本人。
일본사람 일본사람, 일본사람 아니예요.

哪儿来 哪儿来, 你从哪儿来?
어디서 왔니 어디서 왔니, 너는 어디서 왔니?

首尔 首尔, 我从首尔来。
서울 서울, 저는 서울에서 왔어요.

美国 美国, 我从美国来。
미국 미국, 저는 미국에서 왔어요.

[본문] 54-55p

你从哪儿来?
린다) 너는 어디서 왔니?

我从首尔来。我是韩国人。你呢?
민준) 나는 서울에서 왔어. 나는 한국사람이야. 너는?

我从美国来。你是哪国人?
린다) 나는 미국에서 왔어. 너는 어느 나라 사람이니?

我是中国人。
똥똥) 나는 중국사람이야.

韩国、美国、中国，都有啊!
린다) 한국, 미국, 중국 다 있네!

[이야기] 61p

당신은 어느 나라 사람이에요?

저는 프랑스사람이에요.

당신은 어디에서 왔나요?

저는 파리에서 왔어요.

[교실용어] 63p

1 읽어 보세요.

2 다른 친구들은 잘 들어 보세요.

3 다시 한 번 해보세요.

4 잘 했어요!

[챈트] 67p

누구 언제 어디 어디?

谁 누구? 他是谁 他是谁?
누구 누구? 그는 누구니 그는 누구니?

什么时候 언제? 什么时候回家?
언제 언제? 언제 집에 가니?

什么地方 어디? 超市在什么地方?
어디 어디? 슈퍼마켓은 어디에 있니?

哪儿 어디? 从哪儿来 从哪儿来?
어디 어디? 어디서 왔니 어디서 왔니?

[이야기] 68-69p

너는 누구니?

나는 어린 왕자야.

너는 언제 집에 가니?

내일 저녁에 집에 가.

슈퍼마켓은 어디에 있니?

저기에 있어.

너는 어디서 왔니?

나는 베이징에서 왔어.

5과　　你爸爸做什么工作? 너희 아빠는 무슨 일을 하시니?

[챈트] 71p

爸爸做什么工作?
아빠는 무슨 일을 하시니?

是谁 是谁, 他是谁?
누구니 누구니, 그는 누구니?

爸爸 爸爸, 他是我爸爸。
아빠 아빠, 그는 우리 아빠예요.

工作 工作, 爸爸做什么工作?
일 일, 아빠는 무슨 일을 하시니?

大夫 大夫, 爸爸是大夫。
의사 의사, 아빠는 의사예요.

工作 工作, 妈妈做什么工作?
일 일, 엄마는 무슨 일을 하시니?

老师 老师，妈妈是老师。
선생님 선생님, 엄마는 선생님이에요.

[본문] 72-73p

他是谁?
똥똥) 그는 누구니?

他是我爸爸。
린다) 그는 우리 아빠야.

你爸爸做什么工作?
똥똥) 너희 아빠는 무슨 일을 하시니?

我爸爸是大夫。
린다) 우리 아빠는 의사야.

你妈妈做什么工作?
민준) 너희 엄마는 무슨 일을 하시니?

我妈妈是老师。
린다) 우리 엄마는 선생님이야.

[이야기] 79p

그녀는 누구니?

그녀는 우리 엄마야.

너희 엄마는 무슨 일을 하시니?

우리 엄마는 간호사야.

[교실용어] 81p

1 선생님! 화장실 가고 싶어요.

2 갔다 와요.

3 떠들지 마세요!

4 졸려요?

你属什么?
너는 무슨 띠니?

几岁 几岁, 你妹妹几岁?
몇 살 몇 살, 네 여동생은 몇 살이니?

八岁 八岁, 我妹妹八岁。
8살 8살, 내 여동생은 8살이야.

多大 多大, 你哥哥多大?
몇 살 몇 살, 네 오빠(형)은 몇 살이니?

十七岁 十七岁, 我哥哥十七岁。
17살 17살, 내 오빠(형)는 17살이야.

属什么 属什么, 你属什么?
무슨 띠니 무슨 띠니, 너는 무슨 띠니?

属虎 属虎, 我属虎。
호랑이 띠야 호랑이 띠야, 나는 호랑이 띠야.

你妹妹几岁?
린다) 네 여동생은 몇 살이니?

我妹妹八岁。
민준) 내 여동생은 8살이야.

你哥哥多大?
린다) 네 형은 몇 살이니?

我哥哥十七岁。
민준) 내 형은 17살이야.

你属什么?
린다) 너는 무슨 띠니?

我属虎。
똥똥) 나는 호랑이 띠야.

[이야기] 91p

너는 몇 살이니?

나는 8살이에요.

너는 무슨 띠니?

나는 토끼띠예요.

[교실용어] 93p

1 아주 중요해요!

2 별을 그리세요.

3 밑줄 치세요.

4 한 번 해보세요.

7과 **彩虹真漂亮** 무지개가 정말 예뻐

[챈트] 95p

有几种颜色?
몇 가지 색이니?

喜欢 喜欢, 你喜欢什么颜色?

좋아해 좋아해, 너는 무슨 색을 좋아해?

白色 白色, 我喜欢白色。

흰색 흰색, 저는 흰색을 좋아해요.

不喜欢 不喜欢, 不喜欢什么颜色?

싫어해 싫어해, 무슨 색을 싫어해?

黑色 黑色, 不喜欢黑色。

검정색 검정색, 검정색을 싫어해요.

几种 几种, 有几种颜色?

몇 가지 몇 가지, 몇 가지 색이니?

七种 七种, 有七种颜色。

일곱 가지 일곱 가지, 일곱 가지 색이에요.

[본문] 96–97p

你喜欢什么颜色?

똥똥) 너는 무슨 색을 좋아하니?

我喜欢黄色。

민준) 나는 노란색을 좋아해.

你们看! 彩虹!

린다) 저기 봐! 무지개야!

彩虹真漂亮。

민준) 무지개가 정말 예쁘다.

彩虹有几种颜色？
똥똥) 무지개는 몇 가지 색이니?

有七种。红、橙、黄、绿、青、
蓝、紫色！
린다) 일곱 가지야. 빨, 주, 노, 초, 파, 남, 보!

[이야기] 103p

무지개는 몇 가지 색이니?

일곱 가지야.

너는 무슨 색을 좋아하니?

나는 빨간색을 좋아해.

[교실용어] 105p

1 책을 덮으세요.
2 눈을 감으세요.
3 오늘 우리는 "색"을 배웠어요.
4 잊지 마세요!

[챈트] 107p

那是熊猫。
저건 판다야.

什么 什么，那是什么？
뭐니 뭐니, 저건 뭐예요?

熊猫 熊猫，那是熊猫。
판다 판다, 저건 판다야.

为什么 为什么，为什么不动？
왜 왜, 왜 움직이지 않아요？

睡觉 睡觉，它睡觉呢。
자 자, 자고 있잖아.

熊猫 熊猫，喜欢吃什么？
판다 판다, 뭘 먹는 걸 좋아해요？

竹子 竹子，喜欢吃竹子。
대나무 대나무, 대나무 먹는 걸 좋아해.

[본문] 108–109p

那是什么?
린다) 저건 뭐니?

那是熊猫。
똥똥) 저건 판다야.

真可爱。它为什么不动?
린다) 정말 귀엽다. 왜 움직이지 않아?

它睡觉呢。
똥똥) 자고 있잖아.

熊猫喜欢吃什么?
민준) 판다는 뭘 먹는 걸 좋아해?

喜欢吃竹子。
똥똥) 대나무 먹는 걸 좋아해.

저건 뭐야?

저건 판다야.

판다는 뭘 먹는 걸 좋아해?

대나무 먹는 걸 좋아해.

[이야기] 115p

[교실용어] 117p

1. 수업이 끝났어요. 오늘은 여기까지 할게요.

2. 질문 있는 사람 있나요?

3. 숙제 꼭 해오세요.

4. 선생님, 수고하셨습니다!

복습과 5-8과

[챈트] 121p

什么 무엇? 爸爸做什么工作?
무엇 무엇? 아빠는 무슨 일을 하시니?

什么 무엇? 属什么, 属什么?
무엇 무엇? 무슨 띠니 무슨 띠니?

几 몇? 有几种颜色?
몇 몇? 몇 가지 색이니?

为什么 왜? 为什么不动?
왜 왜? 왜 안 움직이니?

[이야기] 122-123p

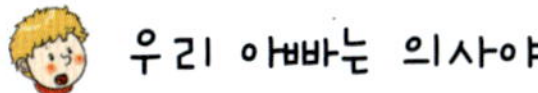

너희 아빠는 무슨 일을 하시니?

우리 아빠는 의사야.

너는 무슨 띠니?

나는 호랑이 띠야.

저건 무지개야.

무지개가 정말 예쁘다.

그건 뱀이야.

왜 움직이지 않아?

자고 있잖아.

선생님과 함께 배운 내용을 정리해 보세요!

	1과	2과	3과	4과
중요단어				
중요문장				
중요발음				
중요어법				
선생님 확인 (★★★★★)				

	5과	6과	7과	8과
중요단어				
중요문장				
중요발음				
중요어법				
선생님 확인 (★★★★★)				

memo

레벨업 중국어 붐붐 1

나만의 붐붐 단어장

이름: ______________

1과

她们
tāmen

1과

péngyou

1과

tāmen

1과

见到

1과

我

1과

高兴
gāoxìng

1과

大家
dàjiā

그녀들

그들

친구

나

만나다

昨天

jīntiān

shàngwǔ

下午
xiàwǔ

明天

八点
bā diǎn

zǎoshang

晚上
wǎnshang

오늘

일

어제

오전

8시

일

내일

아침

名字

míngzi

姓

xìng

nàr

银行

yínháng

公园

gōngyuán

医院

yīyuàn

药店

yàodiàn

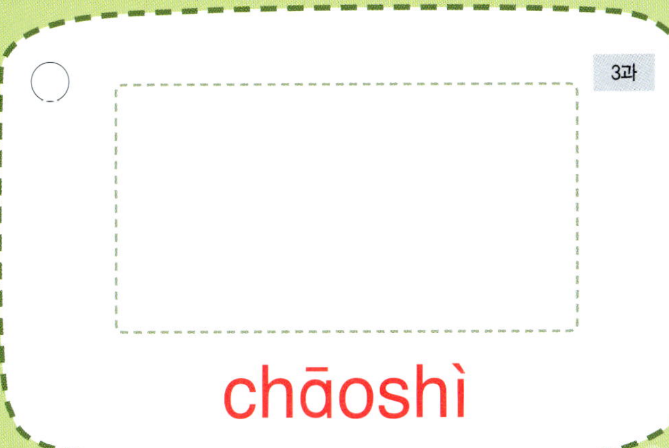

chāoshì

성씨

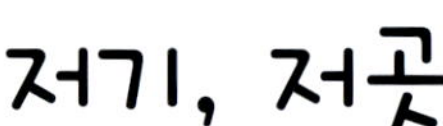

저기, 저곳

공원

슈퍼마켓

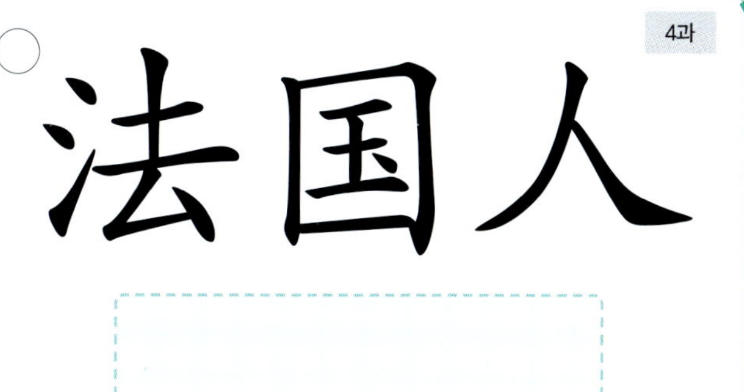

日本人
Rìběnrén

英国
Yīngguó

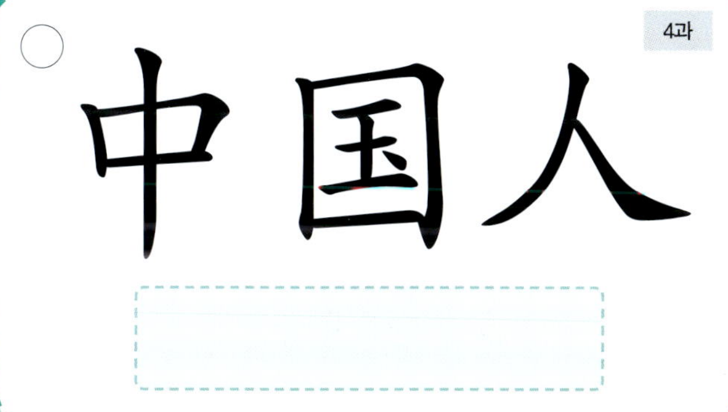

韩国人
Hánguórén

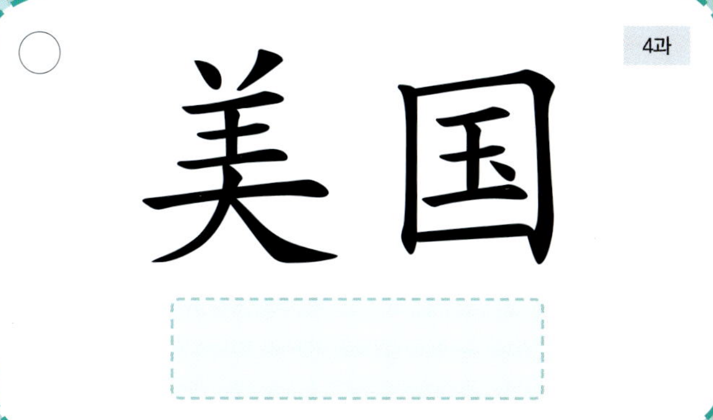

日本
Rìběn

프랑스사람

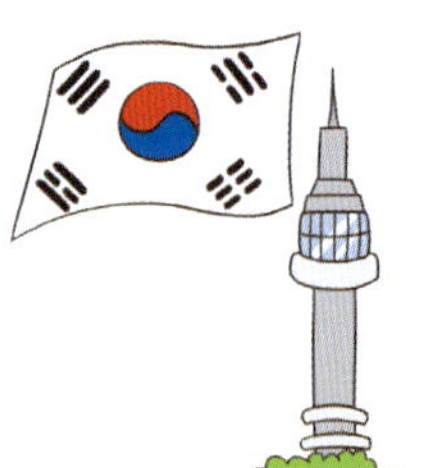

한국

한국사람

중국사람

미국

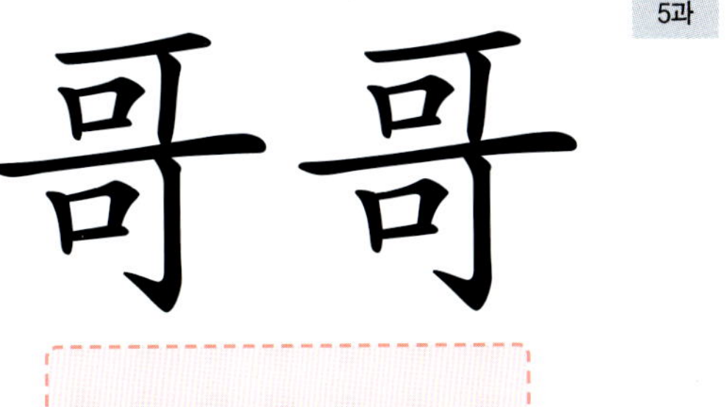
5과
哥哥

5과
jiějie

5과
dàifu

5과
记者
jìzhě

5과
歌手
gēshǒu

5과
护士
hùshi

5과
运动员

5과
公务员

가수

오빠, 형

누나, 언니

운동선수

의사

공무원

6과
几

6과
duō dà

6과
lóng

6과
羊

6과
属

6과
狗
gǒu

6과
老虎

6과
鸡
jī

(나이가) 몇 인가

몇

양

용

개

띠

호랑이

7과
漂亮

7과
白色

7과
彩虹
căihóng

7과
hóngsè

7과
yánsè

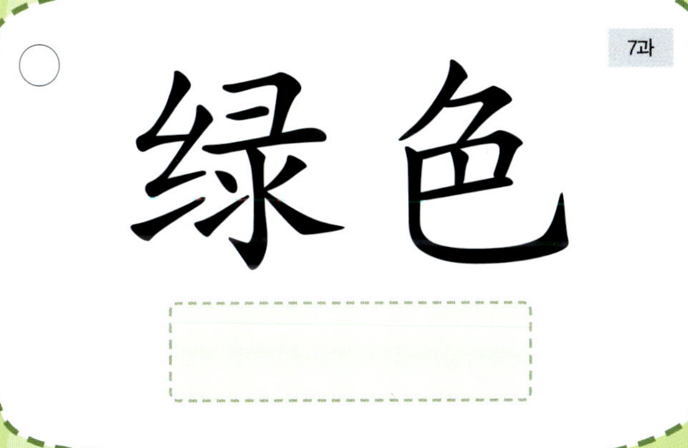

7과
绿色

7과
huángsè

7과
灰色
huīsè

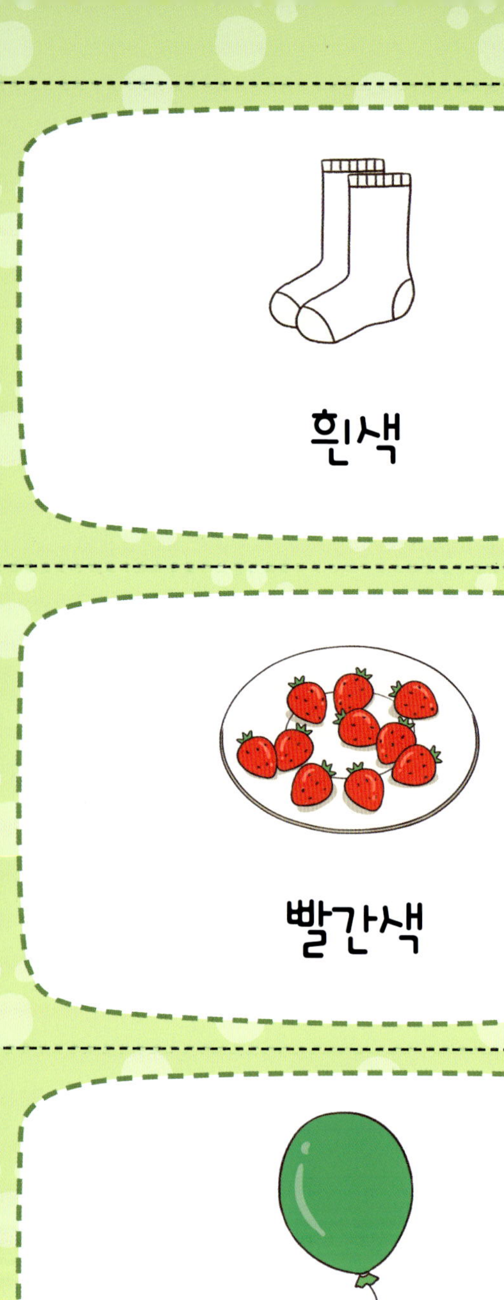

흰색

예쁘다

빨간색

녹색

색깔

노란색

8과
睡觉

8과
小猫
xiǎomāo

8과
老虎

8과
鸭子
yāzi

8과
熊猫
xióngmāo

8과
niǎo

8과
tùzi

8과
仓鼠
cāngshǔ

잠자다
호랑이
새
판다
토끼

레벨업 중국어

김민선 지음 · 张琦 감수

동양북스

듣기 연습~

녹음을 듣고 알맞은 발음을 고르고, 올바른 성조를 표시해보는 문제예요. 꾸준히 듣기 연습하다 보면 어떤 말도 다 들을 수 있어요!

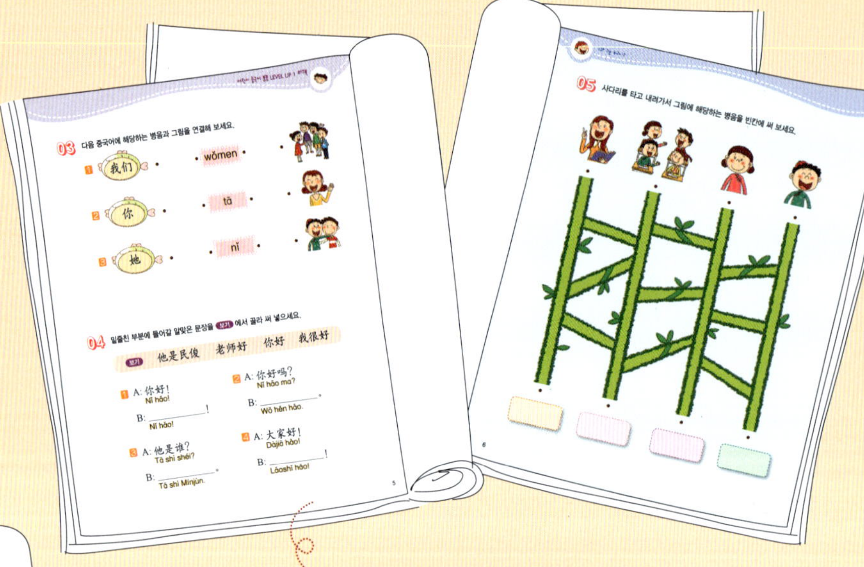

실력 쑥쑥 향상 문제~

교재에서 배운 단어와 문장을 다시 한 번 복습해 볼 수 있어요~
재미있고 즐겁게 문제를 풀며 배운 내용을 복습해봐요~

간체자 쓰기~

획순에 맞춰 중국어를 쓰는 연습을 해 볼 수 있어요~ 듣고 말하는 것도 중요하지만, 어떻게 쓰는지도 중요합니다!
중국어의 획순, 반드시 알아두세요!

他是谁?
Tā shì shéi?
그는 누구니?

CD - 02

01 녹음을 듣고 해당하는 병음에 ○를 표시하세요.

1 shéi ☐　　shuí ☐

2 jiàndào ☐　　jièndào ☐

3 gāosìng ☐　　gāoxìng ☐

02 녹음을 듣고 다음 병음에 성조를 표시해 보세요.

1

Dajia hao!

2

Ta shi shei?

3

Jiandao ni hen gaoxing!

03 다음 중국어에 해당하는 병음과 그림을 연결해 보세요.

1  我们 ・　　　・ wǒmen ・　　　・ 

2  你 ・　　　・ tā ・　　　・ 

3  她 ・　　　・ nǐ ・　　　・ 

04 밑줄친 부분에 들어갈 알맞은 문장을 보기 에서 골라 써 넣으세요.

보기　　他是民俊　　老师好　　你好　　我很好

1 A: 你好!
　　Nǐ hǎo!

　　B: ＿＿＿＿＿＿＿!
　　Nǐ hǎo!

2 A: 你好吗?
　　Nǐ hǎo ma?

　　B: ＿＿＿＿＿＿＿。
　　Wǒ hěn hǎo.

3 A: 他是谁?
　　Tā shì shéi?

　　B: ＿＿＿＿＿＿＿。
　　Tā shì Mínjùn.

4 A: 大家好!
　　Dàjiā hǎo!

　　B: ＿＿＿＿＿＿＿!
　　Lǎoshī hǎo!

05 사다리를 타고 내려가서 그림에 해당하는 병음을 빈칸에 써 보세요.

06 다음 한자와 병음을 쓰고 큰 소리로 읽어 보세요.

谁 shéi 누구

谁					
shéi					

见到 jiàndào 만나다

见	到			
jiàndào				

高兴 gāoxìng 기쁘다

高	兴			
gāoxìng				

你什么时候回家?

Nǐ shénme shíhou huíjiā?

너는 언제 집에 가니?

01 녹음을 듣고 해당하는 병음에 ○를 표시하세요.

1 shénme shíhou ☐   shénme síhuo ☐

2 cī diǎn ☐   qī diǎn ☐

3 zuò ☐   zòu ☐

02 녹음을 듣고 다음 병음에 성조를 표시해 보세요.

1
Bu keqi!

2
Ni shenme shihou huijia?

3
Yiqi zou ba!

03 밑줄 친 부분에 들어갈 알맞은 중국어를 써 보세요.

1

A: 对不起!
Duìbuqǐ!

B: ＿＿＿＿＿＿＿＿＿。
Méi guānxi.

2

A: 你什么时候去学校?
Nǐ shénme shíhou qù xuéxiào?

B: ＿＿＿＿＿去学校。
Bā diǎn qù xuéxiào.

04 관련된 문장끼리 연결해 보세요.

1 谢谢!
Xièxie!

2 对不起!
Duìbuqǐ!

3 你什么时候去学校?
Nǐ shénme shíhou qù xuéxiào?

4 你什么时候回家?
Nǐ shénme shíhou huíjiā?

七点去学校。
Qī diǎn qù xuéxiào.

不客气!
Bú kèqi!

今天下午回家。
Jīntiān xiàwǔ huíjiā.

没关系!
Méi guānxi!

05 미로를 찾아가며 획득한 단어를 순서대로 나열해보고, 그 뜻을 해석해 보세요.

❶번 길 획득 단어와 해석 → ___________________

❷번 길 획득 단어와 해석 → ___________________

❸번 길 획득 단어와 해석 → ___________________

❹번 길 획득 단어와 해석 → ___________________

06 다음 한자와 병음을 쓰고 큰 소리로 읽어 보세요.

请坐　qǐng zuò　앉으세요

请 坐

qǐng zuò

时候　shíhou　시간, 때

时 候

shíhou

一起　yìqǐ　함께, 같이

一 起

yìqǐ

超市在什么地方？
Chāoshì zài shéme dìfang?
슈퍼마켓은 어디에 있니?

 CD - 04

01 녹음을 듣고 해당하는 병음에 ○를 표시하세요.

1 zài ☐   zhài ☐

2 shénme dìfang ☐   shénme dìpang ☐

3 nèr ☐   nàr ☐

02 녹음을 듣고 다음 병음에 성조를 표시해 보세요.

1

Ni jiao shenme mingzi?

2

Chaoshi zai shenme difang?

3

Zai nar.

03 다음 중국어에 해당하는 병음과 그림을 연결해 보세요.

1 医院 	•	• yínháng	•	
2 邮局 	•	• gōngyuán	•	
3 公园 	•	• yóujú	•	
4 银行 	•	• yīyuàn	•	

04 밑줄친 부분에 들어갈 알맞은 문장을 보기 에서 골라 써 넣으세요.

보기 我姓金　在那儿　你姓什么　我叫明明

1 A: 您贵姓?
　　Nín guì xìng?

　　B: ＿＿＿＿＿＿＿＿。
　　Wǒ xìng Jīn.

2 A: ＿＿＿＿＿＿＿＿?
　　Nǐ xìng shénme?

　　B: 我姓李。
　　Wǒ xìng Lǐ.

3 A: 你叫什么名字?
　　Nǐ jiào shénme míngzi?

　　B: ＿＿＿＿＿＿＿＿。
　　Wǒ jiào Míngming.

4 A: 图书馆在什么地方?
　　Túshūguǎn zài shénme dìfang?

　　B: ＿＿＿＿＿＿＿＿。
　　Zài nàr.

05 사다리를 타고 내려가서 그림에 해당하는 병음을 빈칸에 써 보세요.

06 다음 한자와 병음을 쓰고 큰 소리로 읽어 보세요.

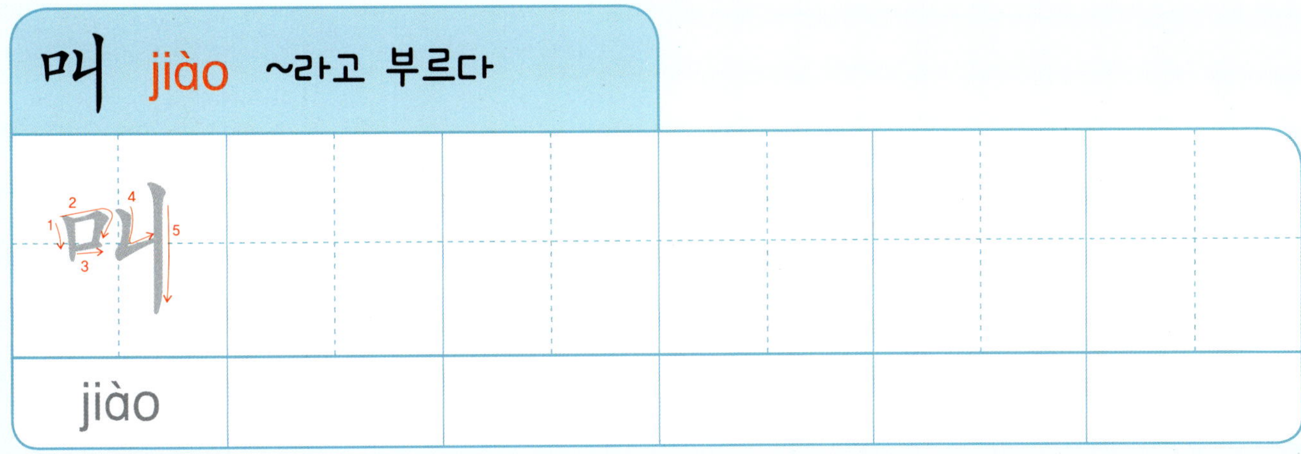

叫 jiào ~라고 부르다

jiào

地方 dìfang 곳

dìfang

那儿 nàr 저기, 저곳

nàr

你从哪儿来?

Nǐ cóng nǎr lái?

너는 어디서 왔니?

01 녹음을 듣고 해당하는 병음에 ○를 표시하세요.

1 shì ☐　　　sì ☐

2 qóng ☐　　　cóng ☐

3 dōu ☐　　　duō ☐

02 녹음을 듣고 다음 병음에 성조를 표시해 보세요.

1

Ni shi na guo ren?

2

Ni cong nar lai?

3

Wo shi Hanguoren.

03 밑줄 친 부분에 들어갈 알맞은 중국어를 써 보세요.

1

A: 你是哪国人?
Nǐ shì nǎ guó rén?

B: 我是 ___________。
Wǒ shì Měiguórén.

2

A: 你从哪儿来?
Nǐ cóng nǎr lái?

B: 我 ___________。
Wǒ cóng Běijīng lái.

04 관련된 문장끼리 연결해 보세요.

1 你是哪国人?
Nǐ shì nǎ guó rén?

　　●　　　　　　● 我从美国来。
　　　　　　　　　Wǒ cóng Měiguó lái.

2 你是日本人吗?
Nǐ shì Rìběnrén ma?

　　●　　　　　　● 我不是日本人。
　　　　　　　　　Wǒ bú shì Rìběnrén.

3 你从哪儿来?
Nǐ cóng nǎr lái?

　　●　　　　　　● 我是英国人。
　　　　　　　　　Wǒ shì Yīngguórén.

4 你是中国人吗?
Nǐ shì Zhōngguórén ma?

　　●　　　　　　● 是, 我从北京来。
　　　　　　　　　Shì, wǒ cóng Běijīng lái.

05 다음 그림에 해당하는 나라와 나라사람을 빈칸에 중국어나 병음으로 써 보세요.

1. Hánguórén

2. 日本

3. Zhōngguórén

4. 美国

5. Yīngguórén

06 다음 한자와 병음을 쓰고 큰 소리로 읽어 보세요.

哪国 **nǎ guó** 어느 나라

哪 国

nǎ guó

韩国 **Hánguó** 한국

韩 国

Hánguó

首尔 **Shǒu'ěr** 서울

首 尔

Shǒu'ěr

第五课 你爸爸做什么工作?

Nǐ bàba zuò shénme gōngzuò?

너희 아빠는 무슨 일을 하시니?

01 녹음을 듣고 해당하는 병음에 ○를 표시하세요.

1 nǎinai ☐　　něinei ☐

2 gōngzuò ☐　　kōngzuò ☐

3 yùndòngyán ☐　　yùndòngyuán ☐

02 녹음을 듣고 다음 병음에 성조를 표시해 보세요.

1 Ta shi wo baba.

2 Wo mama shi laoshi.

3 Wo jiejie shi geshou.

20

03 다음 중국어에 해당하는 병음과 그림을 연결해 보세요.

1  奶奶 • • mǎma • 

2  妈妈 • • nǎinai • 

3  姐姐 • • mèimei • 

4  妹妹 • • jiějie • 

04 밑줄 친 부분에 들어갈 알맞은 문장을 보기 에서 골라 써 넣으세요.

보기　他是我哥哥　她是我姑姑　他是歌手　她是公务员

1 A: 她是谁?
Tā shì shéi?

B: ＿＿＿＿＿＿＿＿＿＿。
Tā shì wǒ gūgu.

2 A: 她做什么工作?
Tā zuò shénme gōngzuò?

B: ＿＿＿＿＿＿＿＿＿＿。
Tā shì gōngwùyuán.

3 A: 他是谁?
Tā shì shéi?

B: ＿＿＿＿＿＿＿＿＿＿。
Tā shì wǒ gēge.

4 A: 他做什么工作?
Tā zuò shénme gōngzuò?

B: ＿＿＿＿＿＿＿＿＿＿。
Tā shì gēshǒu.

05 사다리를 타고 내려가서 그림에 해당하는 병음을 빈칸에 써 보세요.

06 다음 한자와 병음을 쓰고 큰 소리로 읽어 보세요.

护士 **hùshi** 간호사

hùshi

歌手 **gēshǒu** 가수

gēshǒu

记者 **jìzhě** 기자

jìzhě

你属什么?

Nǐ shǔ shénme?

너는 무슨 띠니?

 CD - 07

01 녹음을 듣고 해당하는 병음에 ○를 표시하세요.

1 jǐ ☐   zǐ ☐

2 dōu dà ☐   duō dà ☐

3 shǔ ☐   shǐ ☐

02 녹음을 듣고 다음 병음에 성조를 표시해 보세요.

1

Ni ji sui?

2

Ni duo da?

3

Ni shu shenme?

03 밑줄친 부분에 들어갈 알맞은 중국어를 써 보세요.

1

A: 你哥哥多大?
Nǐ gēge duō dà?

B: 我哥哥＿＿＿＿＿＿＿＿。
Wǒ gēge shíyī suì.

2

A: 你属什么?
Nǐ shǔ shénme?

B: 我＿＿＿＿＿＿＿＿。
Wǒ shǔ hǔ.

04 관련된 문장끼리 연결해 보세요.

1 你弟弟几岁?
Nǐ dìdi jǐ suì?

• 我姐姐属虎。
Wǒ jiějie shǔ hǔ.

2 你妹妹属什么?
Nǐ mèimei shǔ shénme?

• 八岁。
Bā suì.

3 你哥哥多大?
Nǐ gēge duō dà?

• 十三岁。
Shísān suì.

4 你姐姐属什么?
Nǐ jiějie shǔ shénme?

• 属龙。
Shǔ lóng.

05 그림에 해당하는 띠를 빈칸에 병음으로 써 보세요.

06 다음 한자와 병음을 쓰고 큰 소리로 읽어 보세요.

岁 **suì** 살, 세(나이)

岁

suì

多大 **duō dà** (나이가) 몇 인가

多 大

duō dà

属 **shǔ** 띠가 ~이다

属

shǔ

彩虹真漂亮
Cǎihóng zhēn piàoliang
무지개가 정말 예뻐

CD-08

01 녹음을 듣고 해당하는 병음에 ○를 표시하세요.

1 sǐhan ☐   xǐhuan ☐

2 qǎihóng ☐   cǎihóng ☐

3 piàoliang ☐   qiàoniang ☐

02 녹음을 듣고 다음 병음에 성조를 표시해 보세요.

1
Ni xihuan shenme yanse?

2
Caihong you ji zhong yanse?

3
Wo xihuan huangse.

03 다음 중국어에 해당하는 병음과 그림을 연결해 보세요.

1 天蓝色 •　• báisè •　• 

2 灰色 •　• fěnhóngsè •　• 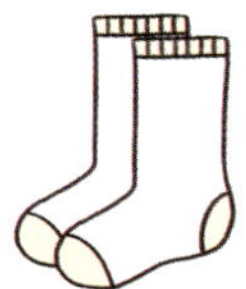

3 白色 •　• tiānlánsè •　• 

4 粉红色 •　• huīsè •　• 

04 밑줄 친 부분에 들어갈 알맞은 문장을 보기 에서 골라 써 넣으세요.

보기　我喜欢红色　有七种　有三种　我喜欢蓝色

1 A: 你喜欢蓝色吗?
　　 Nǐ xǐhuan lánsè ma?

　　 B: 不是, ___________。
　　 Bú shì, wǒ xǐhuan hóngsè.

2 A: 你喜欢什么颜色?
　　 Nǐ xǐhuan shénme yánsè?

　　 B: ___________。
　　 Wǒ xǐhuan lánsè.

3 A: 彩虹有几种颜色?
　　 Cǎihóng yǒu jǐ zhǒng yánsè?

　　 B: ___________。
　　 Yǒu qī zhǒng.

4 A: 气球有几种颜色?
　　 Qìqiú yǒu jǐ zhǒng yánsè?

　　 B: ___________。
　　 Yǒu sān zhǒng.

05 다음 글자에 해당하는 색을 칠해보고 큰 소리로 읽어 보세요.

hóng

绿

橙

灰

hēi

huáng

青

紫

06 다음 한자와 병음을 쓰고 큰 소리로 읽어 보세요.

喜欢 xǐhuan 좋아하다

xǐhuan

颜色 yánsè 색, 색깔

yánsè

彩虹 cǎihóng 무지개

cǎihóng

那是熊猫

Nà shì xióngmāo

저건 판다야

01 녹음을 듣고 해당하는 병음에 ○를 표시하세요.

1 tòngwù ☐　　dòngwù ☐

2 sióngmōu ☐　　xióngmāo ☐

3 wàishénme ☐　　wèishénme ☐

02 녹음을 듣고 다음 병음에 성조를 표시해 보세요.

1
Na shi xiongmao.

2
Ta weishenme bu dong?

3
Zhen ke'ai.

03 밑줄 친 부분에 들어갈 알맞은 중국어를 써 보세요.

1

A: 这是什么?
Zhè shì shénme?

B: 这是__________。
Zhè shì shīzi.

2

A: 那是什么?
Nà shì shénme?

B: 那是__________。
Nà shì xióngmāo.

04 관련된 문장끼리 연결해 보세요.

1 这是什么?
Zhè shì shénme?

• 它睡觉呢。
Tā shuìjiào ne.

2 那是小狗。
Nà shì xiǎogǒu.

• 喜欢吃竹子。
Xǐhuan chī zhúzi.

3 熊猫为什么不动?
Xióngmāo wèishénme bú dòng?

• 这是鸭子。
Zhè shì yāzi.

4 熊猫喜欢吃什么?
Xióngmāo xǐhuan chī shénme?

• 真可爱。
Zhēn kě'ài.

05 다음 그림에 해당하는 동물의 병음을 써서 퍼즐을 완성하세요.

06 다음 한자와 병음을 쓰고 큰 소리로 읽어 보세요.

熊猫 **xióngmāo** 판다

熊 猫

xióngmāo

可爱 **kě'ài** 귀엽다

可 爱

kě'ài

睡觉 **shuìjiào** 잠자다

睡 觉

shuìjiào

중국어의 운모에는 a, o, e, i, u, ü가 있고, 운모가 두 개 이상 올 경우 성조를 표시해주는 순서는 a→o→e→i/u→ü예요. 특히 운모 i와 u가 동시에 오면 뒤에 오는 운모에 성조를 붙여준답니다. 자 그럼 다음 표에 칠해진 색에 맞춰 '1성—, 2성／, 3성∨, 4성＼' 성조를 표시해 보세요.

① bà (예)	② pai	③ mao	④ fan	⑤ dang
⑥ lou	⑦ tou	⑧ nong	⑨ ge	⑩ hei
⑪ hen	⑫ zheng	⑬ ji	⑭ qia	⑮ xiao
⑯ jie	⑰ qiu	⑱ xian	⑲ jin	⑳ qiang
㉑ xing	㉒ xiong	㉓ zhu	㉔ chuan	㉕ shuo
㉖ zhuai	㉗ rui	㉘ zuan	㉙ cun	㉚ shuang
㉛ ju	㉜ que	㉝ xuan	㉞ jun	㉟ nü
㊱ lüe	㊲ you	㊳ wei	㊴ wen	㊵ yuan
㊶ ca	㊷ yao	㊸ wai	㊹ qu	㊺ cu
㊻ cai	㊼ shou	㊽ mei	㊾ liu	㊿ biao
51 xia	52 duo	53 tie	54 gui	55 guai

워크북 정답

第一课
他是谁?
Tā shì shéi?
그는 누구니?
CD-02
01 녹음을 듣고 해당하는 병음에 ○를 표시하세요.
1 shéi ○   shuí
2 jiàndào ○   jièndào
3 gāosìng   gāoxìng ○
02 녹음을 듣고 다음 병음에 성조를 표시해 보세요.
1 Dajia hao!
2 Ta shi shei?
3 Jiandao ni hen gaoxing!
4

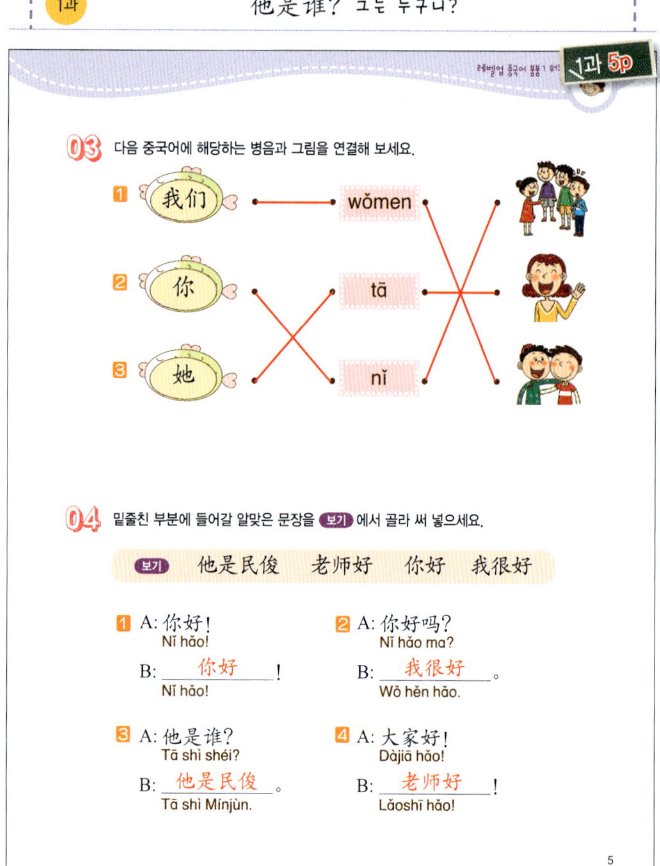
03 다음 중국어에 해당하는 병음과 그림을 연결해 보세요.
1 我们 — wǒmen
2 你 — tā
3 她 — nǐ
04 밑줄친 부분에 들어갈 알맞은 문장을 보기 에서 골라 써 넣으세요.
보기 他是民俊 老师好 你好 我很好
1 A: 你好! Nǐ hǎo!
  B: 你好! Nǐ hǎo!
2 A: 你好吗? Nǐ hǎo ma?
  B: 我很好 Wǒ hěn hǎo.
3 A: 他是谁? Tā shì shéi?
  B: 他是民俊 Tā shì Mínjùn.
4 A: 大家好! Dàjiā hǎo!
  B: 老师好! Lǎoshī hǎo!
5

05 사다리를 타고 내려가서 그림에 해당하는 병음을 빈칸에 써 보세요.
Dōngdong   dàjiā   Míngming   lǎoshī
6

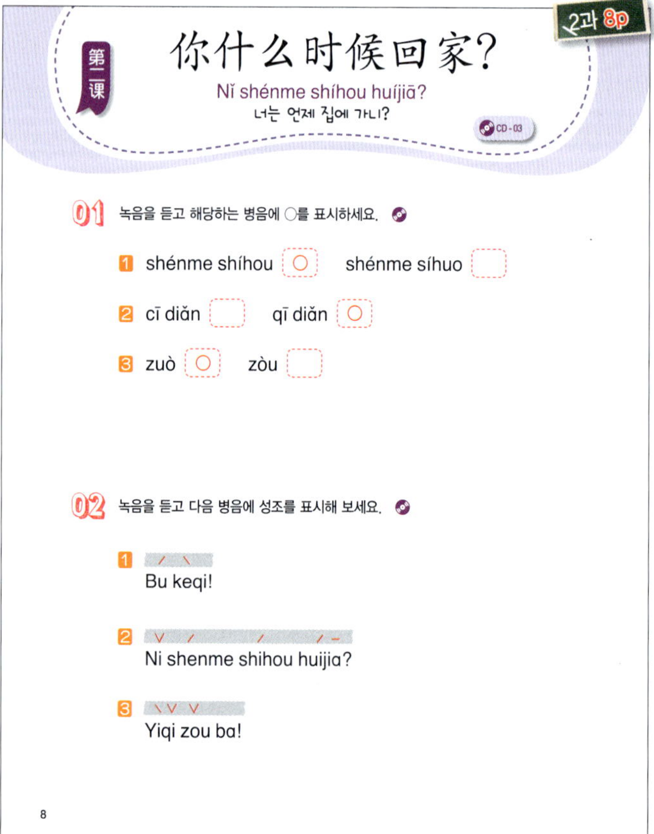
第二课
你什么时候回家?
Nǐ shénme shíhou huíjiā?
너는 언제 집에 가니?
CD-03
01 녹음을 듣고 해당하는 병음에 ○를 표시하세요.
1 shénme shíhou ○   shénme síhuo
2 cī diǎn   qī diǎn ○
3 zuò ○   zòu
02 녹음을 듣고 다음 병음에 성조를 표시해 보세요.
1 Bu keqi!
2 Ni shenme shihou huijia?
3 Yiqi zou ba!
8

03 밑줄 친 부분에 들어갈 알맞은 중국어를 써 보세요.

1

A: 对不起!
Duìbuqǐ!

B: ___没关系___。
Méi guānxi.

2

A: 你什么时候去学校?
Nǐ shénme shíhou qù xuéxiào?

B: ___八点___ 去学校。
Bā diǎn qù xuéxiào.

04 관련된 문장끼리 연결해 보세요.

1 谢谢!
Xièxie!

2 对不起!
Duìbuqǐ!

3 你什么时候去学校?
Nǐ shénme shíhou qù xuéxiào?

4 你什么时候回家?
Nǐ shénme shíhou huíjiā?

七点去学校。
Qī diǎn qù xuéxiào.

不客气!
Bú kèqi!

今天下午回家。
Jīntiān xiàwǔ huíjiā.

没关系!
Méi guānxi!

9

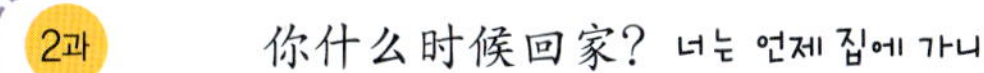

05 미로를 찾아가며 획득한 단어를 순서대로 나열해보고, 그 뜻을 해석해 보세요.

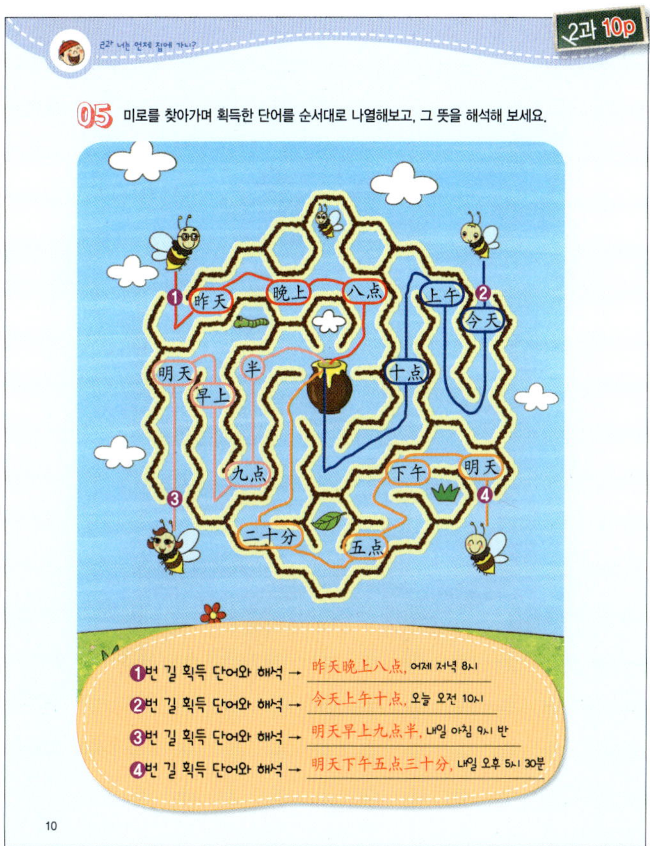

①번 길 획득 단어와 해석 → 昨天晚上八点, 어제 저녁 8시
②번 길 획득 단어와 해석 → 今天上午十点, 오늘 오전 10시
③번 길 획득 단어와 해석 → 明天早上九点半, 내일 아침 9시 반
④번 길 획득 단어와 해석 → 明天下午五点三十分, 내일 오후 5시 30분

10

第二课

超市在什么地方?

Chāoshì zài shéme dìfang?
슈퍼마켓은 어디에 있니?

CD-04

01 녹음을 듣고 해당하는 병음에 ○를 표시하세요.

1 zài ○　　zhài

2 shénme dìfang ○　　shénme dìpang

3 nèr　　nàr ○

02 녹음을 듣고 다음 병음에 성조를 표시해 보세요.

1
Ni jiao shenme mingzi?

2
Chaoshi zai shenme difang?

3
Zai nar.

12

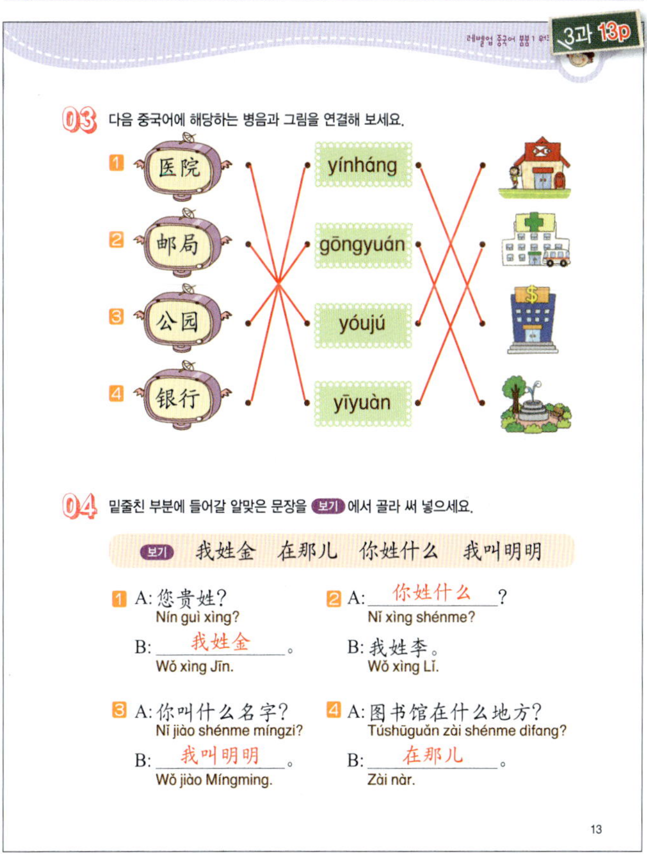

03 다음 중국어에 해당하는 병음과 그림을 연결해 보세요.

1 医院　　yínháng

2 邮局　　gōngyuán

3 公园　　yóujú

4 银行　　yīyuàn

04 밑줄친 부분에 들어갈 알맞은 문장을 보기 에서 골라 써 넣으세요.

보기　我姓金　在那儿　你姓什么　我叫明明

1 A: 您贵姓?
Nín guì xìng?

B: ___我姓金___。
Wǒ xìng Jīn.

2 A: ___你姓什么___?
Nǐ xìng shénme?

B: 我姓李。
Wǒ xìng Lǐ.

3 A: 你叫什么名字?
Nǐ jiào shénme míngzi?

B: ___我叫明明___。
Wǒ jiào Míngming.

4 A: 图书馆在什么地方?
Túshūguǎn zài shénme dìfang?

B: ___在那儿___。
Zài nàr.

13

3과 슈퍼마켓은 어디에 있니?
3과 14p
05 사다리를 타고 내려가서 그림에 해당하는 병음을 빈칸에 써 보세요.
超市
yàodiàn
yīyuàn
chāoshì
túshūguǎn
14

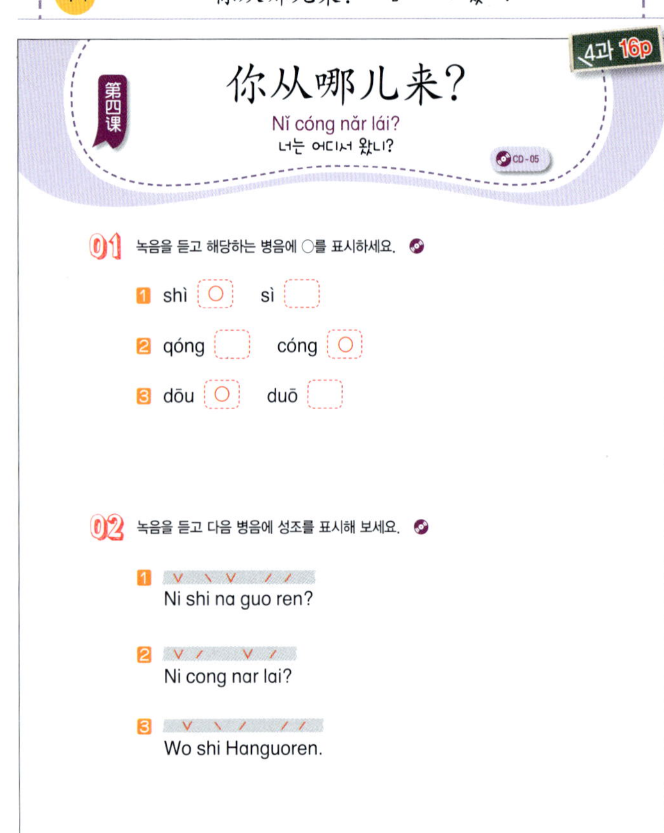
第四课
你从哪儿来?
Nǐ cóng nǎr lái?
너는 어디서 왔니?
4과 16p
CD-05

01 녹음을 듣고 해당하는 병음에 ○를 표시하세요.
1 shì ○   sì
2 qóng   cóng ○
3 dōu ○   duō

02 녹음을 듣고 다음 병음에 성조를 표시해 보세요.
1 Ni shi na guo ren?
2 Ni cong nar lai?
3 Wo shi Hanguoren.
16

4과 17p
03 밑줄 친 부분에 들어갈 알맞은 중국어를 써 보세요.
1
A: 你是哪国人?
Nǐ shì nǎ guó rén?
B: 我是 美国人。
Wǒ shì Měiguórén.
2
A: 你从哪儿来?
Nǐ cóng nǎr lái?
B: 我 从北京来。
Wǒ cóng Běijīng lái.

04 관련된 문장끼리 연결해 보세요.
1 你是哪国人?
Nǐ shì nǎ guó rén?
我从美国来。
Wǒ cóng Měiguó lái.
2 你是日本人吗?
Nǐ shì Rìběnrén ma?
我不是日本人。
Wǒ bú shì Rìběnrén.
3 你从哪儿来?
Nǐ cóng nǎr lái?
我是英国人。
Wǒ shì Yīngguórén.
4 你是中国人吗?
Nǐ shì Zhōngguórén ma?
是, 我从北京来。
Shì, wǒ cóng Běijīng lái.
17

4과 너는 어디서 왔니?
4과 18p
05 다음 그림에 해당하는 나라와 나라사람을 빈칸에 중국어나 병음으로 써 보세요.
1 韩国   Hánguórén
2 日本   Rìběnrén
3 中国   Zhōngguórén
4 美国   Měiguórén
5 英国   Yīngguórén
18

第五课

你爸爸做什么工作？

Nǐ bàba zuò shénme gōngzuò?

너희 아빠는 무슨 일을 하시니?

CD-06

01 녹음을 듣고 해당하는 병음에 ○를 표시하세요.

1 nǎinai ○　　něinei

2 gōngzuò ○　　kōngzuò

3 yùndòngyán　　yùndòngyuán ○

02 녹음을 듣고 다음 병음에 성조를 표시해 보세요.

1 Ta shi wo baba.

2 Wo mama shi laoshi.

3 Wo jiejie shi geshou.

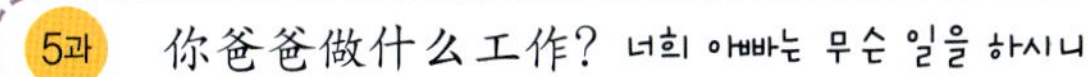

03 다음 중국어에 해당하는 병음과 그림을 연결해 보세요.

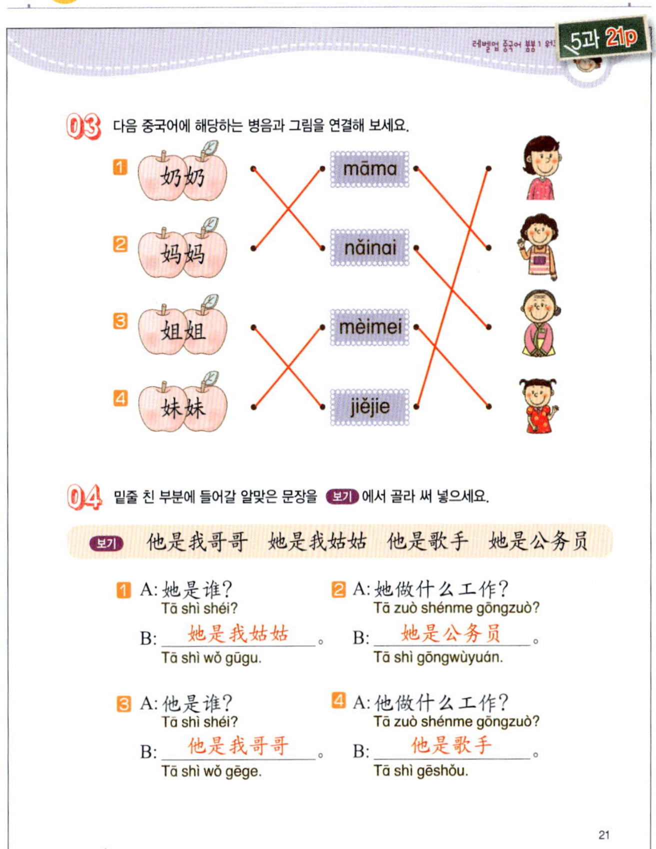

04 밑줄 친 부분에 들어갈 알맞은 문장을 보기 에서 골라 써 넣으세요.

보기　他是我哥哥　她是我姑姑　他是歌手　她是公务员

1 A: 她是谁？
　Tā shì shéi?
　B: ＿她是我姑姑＿ 。
　Tā shì wǒ gūgu.

2 A: 她做什么工作？
　Tā zuò shénme gōngzuò?
　B: ＿她是公务员＿ 。
　Tā shì gōngwùyuán.

3 A: 他是谁？
　Tā shì shéi?
　B: ＿他是我哥哥＿ 。
　Tā shì wǒ gēge.

4 A: 他做什么工作？
　Tā zuò shénme gōngzuò?
　B: ＿他是歌手＿ 。
　Tā shì gēshǒu.

05 사다리를 타고 내려가서 그림에 해당하는 병음을 빈칸에 써 보세요.

第六课

你属什么？

Nǐ shǔ shénme?

너는 무슨 띠니?

CD-07

01 녹음을 듣고 해당하는 병음에 ○를 표시하세요.

1 jǐ ○　　zǐ

2 dōu dà　　duō dà ○

3 shǔ ○　　shǐ

02 녹음을 듣고 다음 병음에 성조를 표시해 보세요.

1 Ni ji sui?

2 Ni duo da?

3 Ni shu shenme?

41

6과 25p
03 밑줄친 부분에 들어갈 알맞은 중국어를 써 보세요.
1
A: 你哥哥多大?
Nǐ gēge duō dà?
B: 我哥哥 十一岁 。
Wǒ gēge shíyī suì.
2
A: 你属什么?
Nǐ shǔ shénme?
B: 我 属虎 。
Wǒ shǔ hǔ.
04 관련된 문장끼리 연결해 보세요.
1 你弟弟几岁?
Nǐ dìdi jǐ suì?
我姐姐属虎。
Wǒ jiějie shǔ hǔ.
2 你妹妹属什么?
Nǐ mèimei shǔ shénme?
八岁。
Bā suì.
3 你哥哥多大?
Nǐ gēge duō dà?
十三岁。
Shísān suì.
4 你姐姐属什么?
Nǐ jiějie shǔ shénme?
属龙。
Shǔ lóng.
25

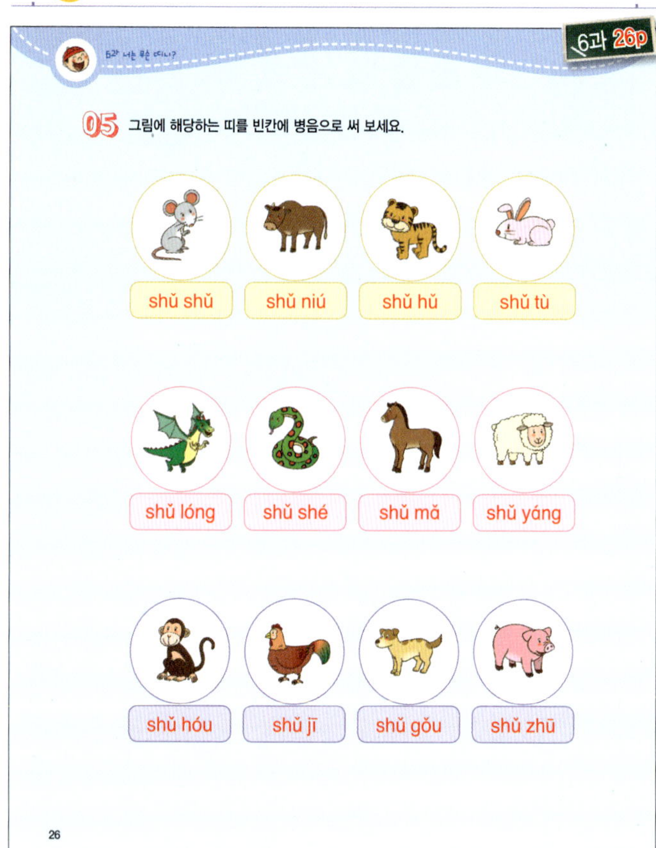
6과 26p
05 그림에 해당하는 띠를 빈칸에 병음으로 써 보세요.
shǔ shǔ
shǔ niú
shǔ hǔ
shǔ tù
shǔ lóng
shǔ shé
shǔ mǎ
shǔ yáng
shǔ hóu
shǔ jī
shǔ gǒu
shǔ zhū
26

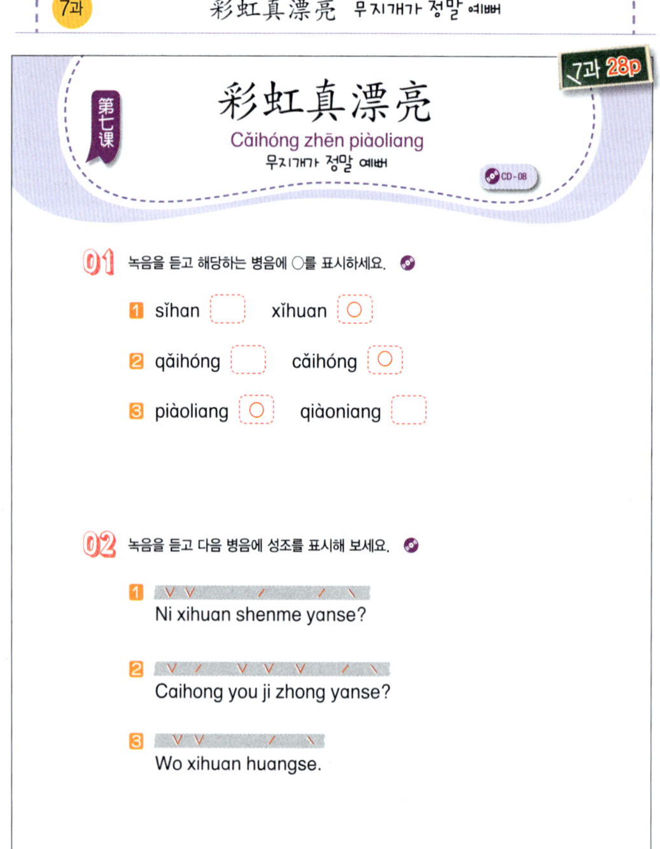
7과 28p
第七课
彩虹真漂亮
Cǎihóng zhēn piàoliang
무지개가 정말 예뻐
CD-08
01 녹음을 듣고 해당하는 병음에 ○를 표시하세요.
1 sǐhan [ ] xǐhuan [○]
2 qǎihóng [ ] cǎihóng [○]
3 piàoliang [○] qiàoniang [ ]
02 녹음을 듣고 다음 병음에 성조를 표시해 보세요.
1
Ni xihuan shenme yanse?
2
Caihong you ji zhong yanse?
3
Wo xihuan huangse.
28

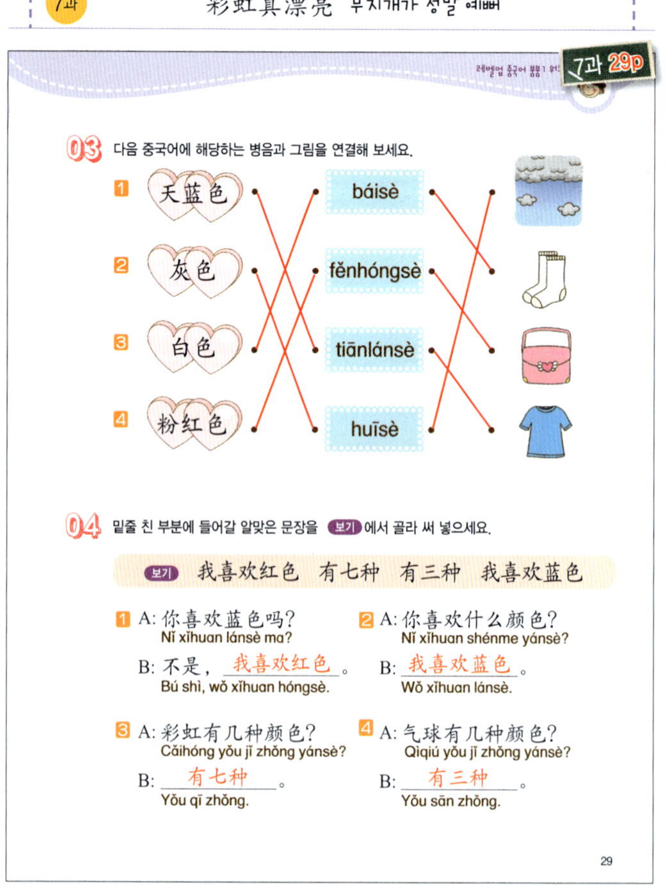
7과 29p
03 다음 중국어에 해당하는 병음과 그림을 연결해 보세요.
1 天蓝色
báisè
2 灰色
fěnhóngsè
3 白色
tiānlánsè
4 粉红色
huīsè
04 밑줄 친 부분에 들어갈 알맞은 문장을 보기 에서 골라 써 넣으세요.
보기 我喜欢红色 有七种 有三种 我喜欢蓝色
1 A: 你喜欢蓝色吗?
Nǐ xǐhuan lánsè ma?
B: 不是, 我喜欢红色 。
Bú shì, wǒ xǐhuan hóngsè.
2 A: 你喜欢什么颜色?
Nǐ xǐhuan shénme yánsè?
B: 我喜欢蓝色 。
Wǒ xǐhuan lánsè.
3 A: 彩虹有几种颜色?
Cǎihóng yǒu jǐ zhǒng yánsè?
B: 有七种 。
Yǒu qī zhǒng.
4 A: 气球有几种颜色?
Qìqiú yǒu jǐ zhǒng yánsè?
B: 有三种 。
Yǒu sān zhǒng.
29

05 다음 글자에 해당하는 색을 칠해보고 큰 소리로 읽어 보세요.

hóng 绿 橙 灰 hēi huáng 青 紫

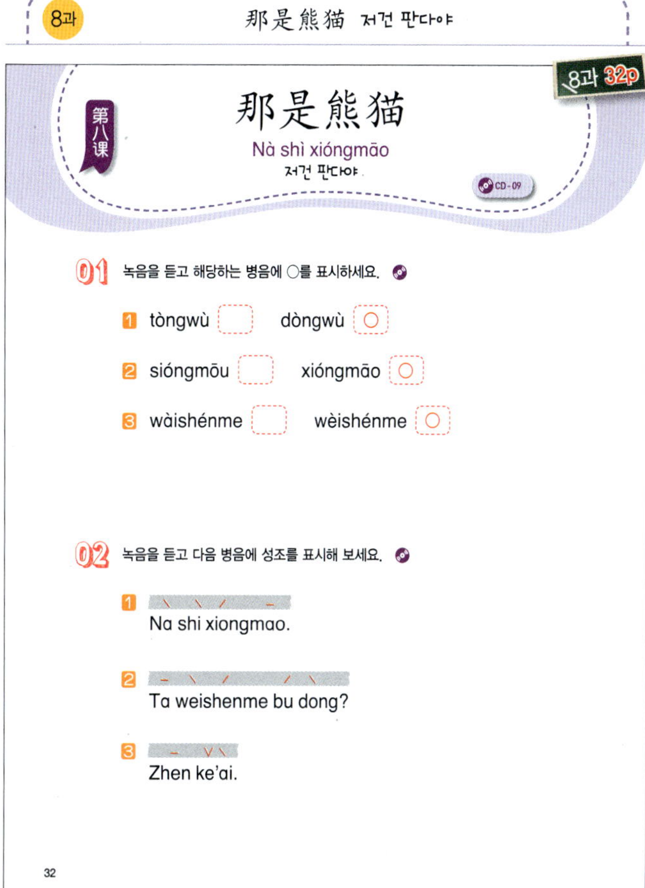

第八课 那是熊猫

Nà shì xióngmāo

저건 판다야

CD-09

01 녹음을 듣고 해당하는 병음에 ○를 표시하세요.

1 tòngwù [ ] dòngwù [○]

2 sióngmōu [ ] xióngmāo [○]

3 wàishénme [ ] wèishénme [○]

02 녹음을 듣고 다음 병음에 성조를 표시해 보세요.

1 \ \ / –
Na shi xiongmao.

2 – \ / / \
Ta weishenme bu dong?

3 – \/ \
Zhen ke'ai.

03 밑줄 친 부분에 들어갈 알맞은 중국어를 써 보세요.

1 

A: 这是什么?
Zhè shì shénme?
B: 这是 狮子 。
Zhè shì shīzi.

2 

A: 那是什么?
Nà shì shénme?
B: 那是 熊猫 。
Nà shì xióngmāo.

04 관련된 문장끼리 연결해 보세요.

1 这是什么? Zhè shì shénme? — 这是鸭子。 Zhè shì yāzi.

2 那是小狗。 Nà shì xiǎogǒu. — 真可爱。 Zhēn kě'ài.

3 熊猫为什么不动? Xióngmāo wèishénme bú dòng? — 它睡觉呢。 Tā shuìjiào ne.

4 熊猫喜欢吃什么? Xióngmāo xǐhuan chī shénme? — 喜欢吃竹子。 Xǐhuan chī zhúzi.

05 다음 그림에 해당하는 동물의 병음을 써서 퍼즐을 완성하세요.

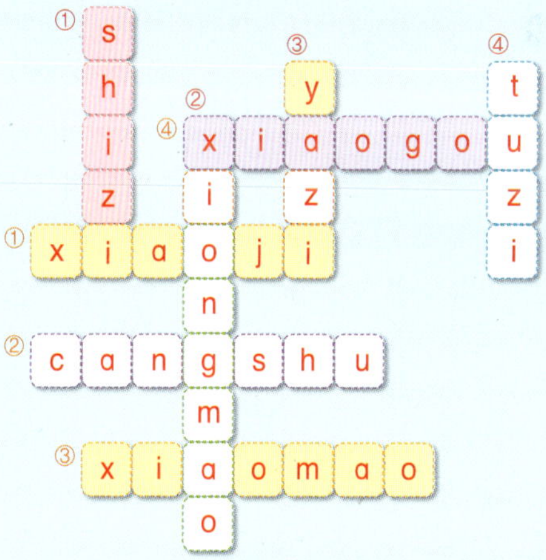

가로 ① ② ③ ④

세로 ① ② ③ ④

중국어의 운모에는 a, o, e, i, u, ü가 있고, 운모가 두 개 이상 올 경우 성조를 표시해주는 순서는 a→o→e→i/u→ü예요. 특히 운모 i와 u가 동시에 오면 뒤에 오는 운모에 성조를 붙여준답니다. 자 그럼 다음 표에 칠해진 색에 맞춰 '1성—, 2성／, 3성✓, 4성＼' 성조를 표시해 보세요.'

① bǎ	② pái	③ māo	④ fàn	⑤ dāng
⑥ lóu	⑦ tóu	⑧ nòng	⑨ gē	⑩ hēi
⑪ hěn	⑫ zhèng	⑬ jí	⑭ qiǎ	⑮ xiǎo
⑯ jiē	⑰ qiú	⑱ xiān	⑲ jìn	⑳ qiáng
㉑ xìng	㉒ xiōng	㉓ zhú	㉔ chuān	㉕ shuō
㉖ zhuǎi	㉗ ruì	㉘ zuǎn	㉙ cún	㉚ shuāng
㉛ jú	㉜ quē	㉝ xuǎn	㉞ jùn	㉟ nǚ
㊱ lüè	㊲ yǒu	㊳ wēi	㊴ wèn	㊵ yuán
㊶ cā	㊷ yāo	㊸ wài	㊹ qù	㊺ cù
㊻ cái	㊼ shǒu	㊽ méi	㊾ liù	㊿ biǎo
51 xià	52 duō	53 tiě	54 guì	55 guǎi

즐거운 중국어의 시작! 맞춤형 어린이 중국어 교육 프로그램

레벨업 중국어  시리즈

누구나 쉽고 재미있게 배울 수 있는 교재

★ 재미있는 스토리를 통해 일상생활에서 자주 쓰이는 살아있는 중국어 표현을 배운다.

★ 기초표현부터 확장표현까지 단계적으로 배우며 응용력을 기른다.

★ 선생님과의 교류를 통해 다양한 기초 지식을 쌓으며 창의적 사고능력을 기른다.